天性 × 智力 × 節奏 × 偏差，在自由與秩序中促進兒童的全面發展
教師與家長必讀的早期教育關鍵指標

樂律

蒙特梭利代表作

童年的祕密

The Secret of Childhood

瑪麗亞・蒙特梭利 (Maria Montessori) 著

李婷婷 譯

「敏感期」理論，
兒童最佳學習階段的關鍵特徵與需求
教育應基於觀察，而非強制，讓孩子按自己的節奏發展潛能

尊重兒童的內在發展動力，促進自主學習和自由探索！
強調個性化教育和自由成長，蒙特梭利改變傳統教育觀──

目錄

前言 ………………………………………… 007

序言 ………………………………………… 009

導論 ………………………………………… 013

第一章　兒童的時代 ……………………… 019

第二章　控訴 ……………………………… 025

第三章　生物學插曲 ……………………… 031

第四章　新生兒 …………………………… 035

第五章　天性 ……………………………… 041

第六章　精神的胚胎 ……………………… 045

第七章　兒童發展 ………………………… 053

第八章　秩序 ……………………………… 067

第九章　智力 ……………………………… 079

第十章　發展障礙 ………………………… 091

目錄

第十一章　行走 …………………………… 097

第十二章　手部動作 ……………………… 101

第十三章　節奏 …………………………… 109

第十四章　人格的替代 …………………… 113

第十五章　運動 …………………………… 119

第十六章　缺乏理解 ……………………… 123

第十七章　愛的智慧 ……………………… 127

第十八章　兒童的教育 …………………… 133

第十九章　觀察與發現 …………………… 143

第二十章　教育方法 ……………………… 163

第二十一章　嬌生慣養的兒童 …………… 171

第二十二章　教師的心理準備 …………… 179

第二十三章　偏差 ………………………… 185

第二十四章　對身體健康的影響 ………… 211

第二十五章　成年人和兒童之間的衝突 … 217

第二十六章　學習是兒童的本能 ………… 219

第二十七章　兩種不同的工作……………… 225

第二十八章　引導本能 ………………………… 237

第二十九章　兒童是指導者 …………………… 247

第三十章　給予兒童應有的權利…………… 251

關於作者 ………………………………………… 259

目錄

前言

　　蒙特梭利課堂上的兒童，享有天性解放的自由，這種自由讓他們在社會的善良風俗和內心的平和歡樂中成長。這是人與生俱來的權利，可以發展為個體重要的特質。世界各地蒙特梭利學校的教師都會有類似的經歷，如果有參觀者要求孩子們按照孩子們自己的想法做事，孩子們都會說：「抱歉，我不知道我們的做法您是否會喜歡，但是我們很喜歡。」

前言

序言

當前的問題在於,多數父母認為教學是教育中最重要的部分。這樣的偏見持續存在,原因是成年人堅持認為他們能夠透過教學把孩子培養成人。

實際上,教育如果只是一味地教學,則常常會阻礙而不是發展孩子的天性。兒童早期的教育不適合抽象、枯燥的文化傳授,因此,這一生命階段的重要性往往被人們忽視。這一階段看似無用,實際上卻對人的發展有著重要的奠基作用。在這一階段,兒童身上會出現一些令人驚訝的現象,即心靈的發展和行為的塑造。他們學著獨立、操作、行走、交談、思考、直接表達意願。這些不是成年人教的,而是兒童自發創造的。

瑪麗亞・蒙特梭利(Maria Montessori)博士憑藉愛的直覺,洞察和揭示了兒童的心靈全貌,讓兒童心靈的發展過程不再神祕。她的這一發現與一些來自社會底層的兒童息息相關,他們滿眼淚水、膽小怯懦、畏畏縮縮,卻又貪婪,充滿暴力,充滿占有慾和破壞性。他們在自身的心理需要逐步得到滿足的過程中,其他方面也經歷了一些前所未有的變化,時間在他們身上印上「改造的兒童」的記號。而蒙特梭利博士目睹了這種心理現象的發生,也因此改變了自己的生活。

序言

　　兒童4歲半時就能自發地學習寫字，但真正重要的是他們行為的轉變。人不僅是由文化構成的，而且在人身上還存在著某些更為本質的東西。如果我們僅僅強調文化的作用，而忽視了這部分的本質，那麼，人類越進步就會越危險。人類已經發明了飛機，發現了原子能量，但仍未能發現自我。

　　這就是蒙特梭利博士的貢獻所帶來的真正價值。她開啟了這項自己會為之奮鬥一生的事業，來揭示兒童逐漸形成的心靈的光輝。在她去世後，國際蒙特梭利協會成立了蒙特梭利學會和研討會，延續了她的工作。

　　我們只有在接受了一定的訓練後，才能給予兒童所需的幫助。隨著時間的推移，斯里蘭卡、丹麥、英國、愛爾蘭、法國、德國、印度、義大利、巴基斯坦、瑞士和美國都成立了培訓中心，世界各地的人們紛紛開展相應的學習方式。

　　目前，蒙特梭利博士的著作仍然是國際蒙特梭利協會最有用的工具書。《童年的祕密》（*The Secret of Childhood*）最早的英文譯本在所有的英語系國家中都很受歡迎，尤其在美國。有些學校把蒙特梭利的理論當作一種教學方法，也有很多人認為蒙特梭利理論的全部意義就在於指導教學。

　　但是，他們忽視了蒙特梭利最看重的東西——兒童為人類做出的貢獻。我常想，這種看法應該會受到很多人的反駁，因為它會打亂我們的認知。那麼，我們該去哪裡找到一個足夠權威的人來解釋這一觀點呢？

答案就在這本書裡。讓瑪麗亞·蒙特梭利自己來為你解釋吧！

國際蒙特梭利協會總幹事

瑪麗亞·M. 蒙特梭利於荷蘭阿姆斯特丹

序言

導論

近年來，關於兒童的討論已經引發了社會各界的極大興趣。與其他社會問題一樣，這樣的關注不是零星出現的，而是像火山爆發一樣噴湧而出。這一現象背後的原因有兩點：第一，科技的進步極大地降低了新生兒的死亡率，刺激了這場新運動的興起。第二，人們意識到，兒童經常因枯燥的學業而精疲力竭。健康研究顯示，兒童若經常身心疲勞、彎腰駝背、縮肩塌腰，會降低免疫力，很容易感染疾病。

經過幾十年的研究，現在我們終於意識到兒童扭曲的生命是由賦予他們生命和生活的父母以及周圍的成年人所造成的。但是，兒童是什麼呢？對於那些更關心自己光鮮工作的成年人來講，兒童一直都是麻煩的根源。

在現代城市擁擠的地段，一家人擠在一起生活，兒童是沒有什麼家庭地位的。在擠滿汽車或滿是匆匆趕路的行人的街道上，肯定也沒有兒童活動的空間。成年人一刻不停地忙著自己的工作，沒有時照顧看孩子，他們也不得不去工作，因為如果沒有工作，一家人的生活會更加困苦。即使一些兒童幸運地擁有較好的生活條件，他們的活動範圍也被限制在自己的房間內，由陌生人照顧，不得進入父母的房間。很少有地方可以讓

導論

兒童感到被理解，供他們自由活動。他們必須保持安靜，不能隨意觸碰東西，因為所有東西都是成年人的財產。

那麼兒童擁有什麼呢？答案是一無所有。要知道，不久以前，兒童甚至還沒有他們可以使用的小椅子。但他們坐在地板或家具上時，總會被成年人訓斥，總會有人把他們抱起來放在腿上。這是生活在成年人環境中的兒童的常態。兒童就像一個尋求者，總在尋找著些什麼卻總是求而不得，無論去哪裡都會被立即驅逐。他們就像是被剝奪了家庭和人權的人，被社會邊緣化的人，被成年人隨意批評、侮辱和懲罰的人，就好像成年人天生具有這些權利。

由於心理認知上的偏差，成年人很少去關心兒童，並為兒童營造適合他們的環境。成年人甚至還會說，社會以兒童為恥。他們雖然會為自己制定規則，卻沒有為養育孩子制定規則。他們與孩子的交流毫無章法，以至於孩子成了父母專制本能的犧牲品。但是，在這個被賦予了新能量的世界，兒童的到來可以糾正過去幾代人的錯誤，為世界帶來新的生命氣息。

然而，在過去的幾個世紀裡，甚至從一開始，人們就對兒童的需求和命運熟視無睹。但近幾十年來，人們對此的知識正在逐步增加。隨著兒童醫療的重大進展，新生兒的死亡率顯著下降。20世紀初，人們在適當關注自身健康的同時，也開始從新的角度看待兒童的生活。學校更加現代化，家庭和學校的教育理念開始具有溫和包容的特點。

除了科學進步之外，還有其他的原因，讓人們變得更加敏感細膩，開始更加關注兒童。城市裡，人們在公園和廣場留出了兒童玩耍和比賽的場地，還建立了兒童影院，特地出版了兒童書籍和雜誌，舉辦兒童郊遊，設計適合兒童的家具，滿足他們的種種需求。隨著社會觀念的增強，童子軍、露營團等組織提供了多種形式的培訓，讓兒童感受到有自尊。無論我們是否喜歡，無論我們是否是透過兒童達成一定的目的，我們總歸還是在關注兒童的。現在，人們都意識到兒童是社會的重要組成分子，父母不再僅僅關心孩子的穿衣打扮，而是認為孩子是自己生活的社會中的一部分。

為什麼會發生這樣的改變？因為兒童時代的到來為社會帶來了最為重要的影響。但是，正如我們看到的那樣，即使經過了無數個人的努力甚至各種團體和組織的合作，兒童的地位還是沒有得到徹底改善。

我們必須評估這一新發展對社會、國家和人類的意義。各種自發的、隨機的運動使人們對兒童產生了新的興趣，說明了這不是任何單一因素作用的結果，而是一種自然噴湧的力量，指向偉大的社會改革和新時代的到來。

我們是舊時代的最後倖存者。舊時代裡，人們忙於為自己創造一個簡單、舒適的成年人生活圈，而沒有真正尊重兒童。現在，我們發現自己正處於一個新時代的起點，新時代要求我們必須同時關注兒童和成年人。現在，我們正走向一個新的政

導 論

治秩序中,必須為不同的主體提供不同的社會環境,一類是成年人的,一類是兒童的。

我們面臨的任務並不是進一步推動已經開始的社會運動,也不是為了兒童的利益去協調各方組織。那樣做我們還是局限於成年人的方式,做一些和兒童無關的事情,沒有真正觸及問題的核心。

兒童的社會問題應深入我們的內心,喚醒我們的意識,激勵我們的行動。我們對待兒童的方式不應該像對待陌生人那樣,只觀察其外在表現。相反的,我們要意識到童年是一個人生命中最重要的時光片段,因為每個人最關鍵的成長和幸福感受都是在兒童時期造就的。

成年人的幸福與兒時的生活密切相關。我們的錯誤會傳遞到兒童身上,為他們留下無法抹滅的影響。我們會死去,但兒童會因我們的錯誤而遭受苦難。任何影響兒童的事情都會影響到人類,因為教育是在心靈深處的祕密角落裡完成的。我們為了兒童的利益所付出的努力和善意,使我們能夠發現人類的祕密,正如科學調查能讓我們深入了解自然的許多祕密一樣。

童年時期的社會問題就像一棵植物的嫩芽,它即將破土而出,以新鮮的生命力吸引著我們。如果我們把泥土挖開,就會看到它的根在地下像迷宮一樣向四面八方延伸,扎向地底深處,糾纏不清。但人類的麻木遲鈍也如此根深蒂固,他們對後代保持冷漠,其盲目程度令人難以置信。

我們必須消除阻礙理解兒童和觸及兒童心靈的錯誤直覺。有的成年人愛孩子卻會不自覺地譴責孩子，這會為他們帶來一種隱祕的悲傷，成為映照他們錯誤的一面鏡子。童年時期的社會問題使我們理解人類自然發展的規律，讓我們對自身有了新的認知，也為社會生活指明了新的方向。

導論

第一章　兒童的時代

近年來，兒童養育和教育方面取得的進展令人震驚，其背後的原因與其說是人們生活水準的提升，倒不如說是人們意識的覺醒。在西元 1890 年代，就已經在兒童健康養育方面取得了很大進步，人們也開始重視兒童的性格。

如今，在哲學、醫學或社會學的任意一個分支的研究過程中，如果不考慮兒童性格研究的重要性，就很難取得進展。例如，胚胎學對生物和演化的每一階段的研究都很重要。但是兒童研究的影響要更廣泛，因為它涉及人類的所有問題。

兒童不僅是一種簡單的生理存在，更是一種心理存在，他可以為人類的發展提供強大的動力。兒童的精神決定了人類進步的程度，甚至會引領人類進入更高的文明層次。

瑞典詩人和作家愛倫·凱（Ellen Key）曾經說過：「未來的世紀將是兒童的世紀。」據紀錄，維多·伊曼紐三世（Vittorio Emanuele III）在 1900 年的首次國王演講中也表達過類似的概念，他將在這之後的新時代（也就是 20 世紀）稱為「兒童的世紀」。

這些具有預言性質的言論表明，19 世紀末的研究引發了人

們的意識覺醒。那時，人們真正意識到兒童在傳染疾病中遭受到的危害，當時兒童的死亡率是成年人的 10 倍以上。此外，兒童還要在學校忍受苛刻的責罰帶來的痛苦。

儘管如此，人們還是沒有發現兒童的內心隱藏著如此重要的祕密。如果我們揭示這些祕密，便能揭開人類心靈的面紗。發現兒童內心蘊藏著的巨大能量，就能夠幫助成年人解決自身問題和社會問題。這樣我們就能奠定「兒童科學研究」的基礎，這能為社會發展帶來重大影響。

兒童和精神分析

精神分析（Psychoanalysis）開闢了一個前所未有的新領域，幫助我們深入探索潛意識的奧祕，但它還不能及時解決現實生活中我們急需解決的問題。不過，精神分析可以幫助我們理解兒童內心生活的豐富影響。

我們可以說，精神分析的研究突破了我們一直認為無法踰越的意識邊界，就好比人類到達了曾經被古人稱為「世界極限」的海克力斯之柱。如果精神分析無法深入潛意識的深海裡，我們就很難解釋為什麼兒童心理學會幫我們更深刻地理解人類的種種問題。

我們都知道，精神分析之前只是醫學的一個分支學科，是

一種治療精神疾病的方法。潛意識具有影響人們行為的力量，這是一個偉大的發現。人們透過精神分析深入潛意識層面，並對心理反應進行研究，發現了具有極大影響力的神祕因素，這徹底顛覆了原有的觀念。它揭示了一個廣闊且未知的世界，這個世界與人類的命運息息相關。但精神分析尚未成功探索這個未知世界，就像人們還未能越過海克力斯之柱，潛入寬廣遼闊的海洋一樣。因為佛洛伊德（Sigmund Freud）與古希臘人有類似的偏見，這讓他將精神分析僅限於病理學研究，未涉及對正常人的研究。

19世紀，精神病學家沙爾科（Jean-Martin Charcot）的研究為佛洛伊德對於潛意識的發現打下了基礎。在一些嚴重精神疾病的特殊案例中，他發現這類人的潛意識會表露無遺，就像火山爆發衝破地表一樣。他們的潛意識狀態和意識狀態有著強烈的對比，而前者常被當作一種疾病的症狀。後來，佛洛伊德在此基礎上又進了一步，他利用一種複雜的技術，發現了一種能夠進入潛意識的方法。但遺憾的是，他只關注異常心理狀態。

精神分析的感受不亞於對心理開刀，試想一下，會有多少人願意承受這種痛苦呢？在分析病患的過程中，佛洛伊德提出了潛意識的精神分析理論。這一新的心理學理論，一定程度上是在處理問題個案的經驗的基礎上總結出來的。最終，佛洛伊德看到了潛意識的深海，卻沒有潛入其中探索，僅僅把它描繪為一片危險的海域。

第一章　兒童的時代

這就是佛洛伊德的理論尚不完備、治療精神疾病的技術不盡如人意、病人的病情容易反覆的原因。此外，社會傳統、人們的經驗累積也讓佛洛伊德在推廣某些理論時受到阻礙。顯然，想要更深入地探索潛意識的真相，僅靠臨床分析技術和理論推測是不夠的。

童年的祕密

探索未知的潛意識領域，我們還需要其他科學技術和不同理念的支持。我們可以透過研究兒童對環境的特定反應來追蹤兒童心理發展的歷程，看到引發兒童內心痛苦和扭曲的隱藏性創傷事件。這些追溯性的研究都有助於我們加深對人的了解。

精神分析學有一項驚人的發現，精神病患者的病因可以追溯到嬰兒時期。潛意識會喚醒被遺忘的事件，證明兒童是某些不為人知的痛苦的受害者。這個發現讓很多人感到震驚和不安，因為它與人們之前的認知相悖。成年精神疾病患者的童年創傷漫長而持續地存在，然而，人們卻沒意識到潛意識是其深層次的病因。在精神疾病症狀突然顯現之前，兒童的自然反應往往被強勢的父母壓抑，主要的壓制者往往是對兒童影響最大的成年人，通常會是母親。

精神分析的探究應該區分出兩種層次，一種是比較淺顯的，

指一個人的本能（往往是原始衝動）與所處環境的衝突，他們必須調整自己以適應環境。只要讓引發衝突的根源浮現在意識層面，衝突就可以得到有效解決。另一種則是更深層的問題，需要不斷探索兒童的記憶深處。這種衝突不是人與所處的社會環境的衝突，而是孩子與母親的衝突，或者更廣泛地說，是兒童與成年人的衝突。精神分析很少去觸碰第二種衝突，因為它很難處理，也很難有效解決，最多是被視為一種病症的表現。

現在，人們意識到，不論是生理疾病還是心理疾病，在治療過程中都不應忽視患者的童年經歷。病因如果能夠追溯至患者的童年，那麼它們往往都是最難被治癒的和最嚴重的。因為成年人的生活模式在童年就已經定型了。

生理疾病和育兒科學讓醫學出現了一些更為精細的分支，例如，胎教和新生兒保健，這引發全社會關注兒童的身體健康，但是，精神疾病方面卻沒有得到類似的關注。儘管現在越來越多的人了解到，成年人的嚴重心理疾病和對外界環境適應的不良現象都跟其童年的經歷有關，但人們卻沒有嘗試去解決兒童時期的衝突。

這些問題沒有得到解決，或許是因為精神分析雖然引入了一種技術去探索潛意識，但是這種技術適用於成年人，卻不適用於兒童，因此在使用過程中會出現一些阻礙。兒童正處於童年時期，所以無法被引導著回顧童年的經歷。因此，解決兒童問題時，我們就必須要有更多的觀察而非探索。但是，這種觀

第一章　兒童的時代

察必須是從心理的角度出發，旨在揭示兒童與成年人和環境接觸過程中所遭受的內心衝突。顯然，這種做法讓我們偏離了精神分析的理論和技術，進入一個新的領域，需要觀察兒童和他所處的社會環境。

這種研究過程不用涉及對兒童心理疾病的艱澀分析，只需要理解人們的現實生活，因為現實生活就是內心的映像。通俗地說，這種研究涵蓋了一個人從出生至今的所有生活。

人類尚未完成心靈探索過程，還沒有人記錄過兒童成長過程中出現的障礙，或者被一個比自己強大的監護人管制卻不被他理解時內心產生的強烈衝突，也沒有人描述過兒童脆弱的內心經受的未知的痛苦或困惑、無法成功釋放天性的挫敗，以及潛意識中自我愈演愈烈的自卑感。

精神分析主要針對心理疾病患者，對研究兒童心理幫助不大。但是，在兒童心理研究的幫助下，精神分析就能在兒童身上發揮作用。因為兒童心理研究針對的是正常和普通群體，旨在預防發生導致心理疾病的各種衝突，這也是精神分析所關注的。

最終，探索兒童心理世界的新的研究領域誕生了。它跟精神分析既相似又不同，研究更多的是正常群體而非異常群體，旨在為兒童心理世界提供支撐。研究目的在於拓寬我們對於生活的認知，希望成年人能夠從此了解到他們對於兒童的錯誤態度其實是自我潛意識的產物。

第二章　控訴

「壓抑」，佛洛伊德曾用它來形容成年人精神障礙根深蒂固的根源，其含義不言自明。兒童不能健康地成長和發育，究其原因通常是成年人施加在他們身上的限制。這裡的「成年人」是一個泛指的概念。現實中，兒童的成長過程是與社會割裂的。如果某位「成年人」對兒童產生直接的影響，具體指向的往往是他最親近的人，通常是母親，其次是父親，最後是教師。

社會賦予成年人完全不同的角色，使成年人有權決定兒童的教育和成長。但是現在，對人類的心理研究深入到一定程度之後，我們意識到，那些原本是兒童的守護者和付出者的成年人，應該受到「控訴」。父親、母親、教師或者監護人都屬於成年人的行列，他們全都應該受到控訴。同時，因為社會在兒童養育中也有一定的作用，所以同樣不能免於控訴。控訴具有一定的啟示性，神聖又駭人，它發出終極審判：「我把孩子託付給你們，但你們又做了什麼？」

成年人聽到控告後的第一反應就是自我辯護：「我們已經盡力了。我們愛孩子，甚至為了孩子犧牲自己。」雙方的觀念相悖，一方代表的是意識層面，另一方代表的是潛意識層面。這

第二章 控訴

種辯護耳熟能詳且根深蒂固,但是在這裡我們對它不感興趣。我們感興趣的是控訴本身,而不是控訴的對象。被控訴者在照顧和教育孩子的過程中筋疲力盡,但還是會發現自己深陷迷宮之中。被控訴者很困惑卻找不到原因,就好像迷失在廣袤的森林,找不到出口。被控訴者的問題,在於自身。

所有為兒童謀福祉的人,都應控訴成年人的不稱職行為,並且應該毫不動搖地堅持自己的做法。然後,這一控訴引發了人們強烈的興趣,因為控訴的對象不是那些成年人無意中犯的錯誤,而是無意識的錯誤。這種控訴不會因暗示成年人的性格缺陷而讓他感到丟臉,而是會讓人認識自我,提高自身覺悟。這種對未知的探索和實踐會讓人類不斷進步。

這就是人們對自己犯的錯誤常有矛盾態度的原因。有意識犯下的錯誤會讓我們感到自責難受,而無意識犯下的錯誤則會讓我們感到被吸引和誘惑,因為無意識的錯誤暗藏著一個祕密,即達成已知的、期待的目標最終會讓我們變得更好。

中世紀的騎士一旦意識到自己是在為個人榮譽而戰時,就會拜倒在祭臺前,誠摯地反省:「我承認我有罪,這些都是我的錯。」宗教經典也記載了大量類似的矛盾態度。為什麼尼尼微城[01]的人民希望能聚集在施洗者約翰(John the Baptist)[02]身邊?為什麼從國王到平民都如此渴望加入包圍他的人群?約拿

---

[01] 尼尼微:古代亞述帝國的首都,位於底格里斯河東岸。
[02] 施洗者約翰:撒迦利亞(Zechariah)和以利沙伯(Elizabeth)的兒子,在約旦河為眾人施洗,也為耶穌(Jesus)施洗,故得此別名。

(Jonah)[03]怎樣號召眾人到約旦河畔呢？約拿告訴眾人，如果他們不皈依於他，那他們就是天大的罪人，尼尼微城就會被毀滅。他找到了如此吸引人的名號，聚集了如此多的人，他把這些人稱為「毒蛇的子孫」。

這裡確實出現了一種奇怪的心理現象，人們爭先恐後地聽從對自我的控訴。而且，進一步地，他們聚集在一起接受指責，承認自己的錯誤。其實，正是這些看似尖銳又殘酷的指責，讓人們的潛意識層面裡被掩蓋的內容提升到了意識層面。人類文明進步的過程，就是發現新的思想、克服舊的思想的過程。

現在，我們要想用與之前不同的方式對待兒童，將他們從危及精神生活的衝突中拯救出來，就必須先進行一場徹底的、全面的思想變革，而且這種變革必須發生在成年人身上。成年人自稱為兒童的成長付出了一切，甚至聲稱自己為愛孩子做出了犧牲。縱然如此，他也會承認自己在兒童教育方面依然面臨棘手的難題。他必需求助於意識和自發認知之外的知識。

現在，關於兒童還有很多領域是未知的，關於兒童心理還有很多領域需要探索。我們要帶著犧牲的精神和無限的熱情去探索新領域，就像那些熱衷於到異域翻山越嶺探尋寶藏的人一樣。人們無論國籍、種族、社會地位如何，都應該參與其中，因為這對整個人類精神文明的進步是不可或缺的因素。

成年人不了解兒童和青少年，所以會不斷與他們產生這樣

---

[03] 約拿：古以色列國的先知，前往亞述帝國首都尼尼微城傳天譴警告。

第二章　控訴

或那樣的衝突。成年人要採取的補救措施，不是掌握一些新的知識或提高級的文化層次，而是必須找到雙方不同觀念的起點。成年人必須發現內心深處一個自己依然未知的錯誤，正是它阻止成年人看到兒童本來的樣子。如果成年人沒有做好這樣的準備，沒有具備這種態度，他就不能更進一步。

事實上，探索一個人的內心並沒有想像中那麼難，因為即使錯誤是無意識的，雖會帶來痛苦和掙扎，但如果人們感到了明顯的緩解，那就說明錯誤正在得到解決。手指脫臼的人渴望恢復正常，因為他知道關節不復位，痛苦就不會消失，就不能正常工作。同樣，一個人意識到自己的錯誤後，會迫使自己恢復正常，因為他所獲得的認知使他變得軟弱，無法長期忍受難以忍受的痛苦。只有一切恢復秩序後，事情才會平穩發展下去。一旦我們意識到我們把太多的錯誤歸咎於自己，並且相信自己可以做出超出能力範圍的事情，我們就渴望並且能夠意識到我們與兒童在內心深處有本質上的差異。

我們不要過多地關注自身而忽略兒童心理的感受。我們要相信，我們可以透過努力完成之前認為不可能的事。抱著這樣的心態，我們就會對兒童的精神世界充滿好奇和探索欲，慢慢地，我們會明白成年人與兒童的心理世界的巨大差異。

在與兒童打交道時，成年人不會變得自私自利，而是會以自我為中心。成年人喜歡從自己的角度看待與兒童心理有關的一切，最終，雙方之間的誤解不斷加深。正是因為這種以自我

為中心的觀點，成年人才把兒童的內心看作空洞的、需要透過他們來努力填充的容器。成年人也把兒童看作懶惰和無能的個體，認為他們必須為兒童做好一切事情。他們還會認為兒童缺乏內心引導，需要成年人持續指導。

總之，我們可以說，成年人把自己當作兒童的塑造者，並從自己與兒童的關係的角度來判斷兒童的行為是好是壞。成年人讓自己成為兒童善惡的試金石，認為自己是絕對正確的，是兒童必須被塑造成為的榜樣。如果兒童偏離了成年人的行為方式，成年人會催促他改正。

成年人這樣的做法，即使可能說服自己，聲稱自己滿懷熱情和愛為孩子做出犧牲，卻在無意識中壓抑了兒童自身的性格發展。

第二章 控訴

第三章　生物學插曲

　　沃爾夫（Caspar Friedrich Wolff）發現了生殖細胞分裂，向我們展示了生物體是如何形成和發育的，還展示了生物體是如何憑藉強大的內在力量朝著既定目標成長的。沃爾夫的實驗推翻了萊布尼茲（Gottfried W. Leibniz）和斯帕蘭扎尼（Lazzaro Spallanzani）等人的生物學觀點，即受精卵就已經包含了成年人的最終形態。這一時期的哲學家認為，受精卵雖小，但卻蘊藏等比例縮小的生命體，它最終會在合適的環境裡成長。科學家們從植物種子的研究中得出一個結論，即植物種子的兩個子葉之間隱藏有葉子和根的植物雛形，只要把種子埋在泥土裡，它就會逐漸長大。

　　顯微鏡發明之後，沃爾夫能夠正確觀察到生物的發展過程。他在顯微鏡下觀察了鳥的胚胎，發現它們起源於受精卵，但是這種細胞並不像我們以前想像的那樣具有成鳥的形態。受精卵與其他細胞一樣，由細胞核、細胞質和外層細胞膜組成。任何生物，無論是植物還是動物，最初都來自這樣一種原始的、未分化的細胞。

　　種子中的胚是由受精卵分裂而來的，一旦栽種，外在條件

良好,就能逐漸成長。人們之前在種子中觀察到的植物雛形,實際上是從果實中的原始生殖細胞發展而來,一旦落入泥土,它就會繼續生長。

分化後的生殖細胞(精子和卵細胞)與其他細胞的不同之處在於,其他細胞按照既定的生長模式不斷地快速分裂,但分化後生殖細胞卻沒有任何分裂的跡象,即使在細胞內蘊藏了決定遺傳特徵的染色體。

如果我們留心觀察動物胚胎的早期發育過程,就會發現,一個受精卵細胞分裂為兩個,兩個分裂為四個⋯⋯直到它們形成了一個中空的球狀「桑葚胚」(morula)。球體再發育,會內摺疊,從而形成一個有著雙層壁和張口朝外的「原腸胚」(gastrula)。經歷複雜的分裂和變化,胚胎發育出複雜的器官和肌肉。

受精卵遵循自身內在的指令發育,完全沒有任何有跡可循的方案做指導。它就像是忠誠的僕人一樣,將任務放在心裡,不借助任何可能洩漏祕密指令的方式來執行它。這種神奇的指令,我們只能在受精卵發育為胚胎,再到發育為成熟的個體這項漫長而偉大的工程中看到。

所有哺乳動物的胚胎,包括人在內,首先出現的器官之一就是將會發展為心臟的微小囊泡。它以固定的節律搏動,速度是母親心跳的兩倍。它不知疲倦地為正在形成、跳動並將持續跳動的組織器官提供必要的營養成分。胚胎的發育是造物的奇蹟,因為它是祕密且獨立地進行的。而且,細胞在極為複雜的

轉化過程中都能做到準確無誤。有的長成了軟骨，有的長成了神經，有的長成了皮膚等，它們都有各自的功能。這一造物奇蹟被造物者小心翼翼地隱藏起來，在成長的胚胎外面包裹著難以穿透的「保護傘」。然後在適當的時候，它會親手把「保護傘」打碎，一個嶄新的生命就被帶到了世上。

但是，降生的生命不僅是肉體的存在。它就像受精卵一樣，有既定的內在運作原則。它的身體不是依靠各個器官來運作，它的本能也不是在單個的細胞中發生，而是整個機體的作用。像每個受精卵都包含著整個有機體的構造圖一樣，不管什麼樣的物種，新生生物都有著內在的精神本能，使它能夠適應周圍的環境。每個生物都是如此，即使是最低微的昆蟲也不例外。例如，蜜蜂的神奇本能是在一個複雜的族群中生活和工作，但是只有在牠們長大之後才會這樣，而在受精卵時期或者非常小的時候，這種本能是無法發揮作用的。鳥兒飛翔的本能，也要等到被孵化出來之後才會發揮作用。

一個新的生命誕生，本身就包含了神祕的指導原則，指導它如何活動、形成什麼樣的性格特徵、怎樣去適應複雜環境。動物所處的自然環境，不僅為牠們提供了生理生存的手段，也為牠們提供了刺激，從而使牠們能夠運用自己的方式增加和保護自然界的整體和諧。每種動物都有最適合牠們的環境，每種動物都有自身獨特的身體特徵，使牠們能夠為世界做出貢獻。動物一出生，牠在大自然中所處的地位就已經確定了。我們都

第三章　生物學插曲

知道，羔羊性情溫順，獅子性情暴虐，螞蟻會不停勞動，知了只會孤獨歌唱。

新生兒也具有某種潛在的心理動力。如果我們理所當然地認為，人類的心理活動相對於其他生物有著獨特的優越性，不需要經歷心理發展過程，那麼這種想法是極其荒謬的。動物的本能會立即在行為中顯現出來，而兒童的心理本能則不同，它不會立即表現出來，而會被兒童深深地隱藏起來。事實上，兒童不受非理性的動物身上相似的既定本能的驅動，這更加說明兒童的行為背後有深層的原因。

兒童的心靈中，有一個不可觸及的祕密，隨著心理發展，祕密會慢慢顯露出來。就像受精卵在發育過程中遵循的規則逐漸顯露一樣，兒童的心理發展動力也只有在發展中才能慢慢被大家所知曉。

這就是為什麼我們會說，只有兒童才能揭開人類發展的天然規律。兒童像所有新生生物一樣脆弱，就像自然界會為胚胎設定保護傘一樣，我們也需要給予兒童心靈上的保護，為他們營造一個安全的環境。

第四章　新生兒

陌生的環境

孩子出生時不是進入自然環境，而是進入一個已經被人們普遍改造過的環境。這是一個陌生的環境，是人類為了滿足方便自身生活的欲望，在犧牲大自然的過程中建立起來的環境。

新生兒在從一種生存方式到另一種生存方式的痛苦蛻變中，成年人會提供什麼樣的幫助呢？

一個人出生時經歷了一生中最為激烈的衝突和鬥爭，並因此遭受痛苦。這一人生階段當然值得我們認真研究，但迄今為止還沒有人這樣做。

許多人會認為，全世界都在關心新生兒。但是，事實上人們是怎麼做的呢？

孩子出生時，每個人都在關心他的母親。母親受苦了，但孩子不也受苦了嗎？人們注意保護母親不受光線和噪音的傷害，但孩子是從一個無光無聲的地方來的，那裡安靜而黑暗，周圍的羊水保護他不受任何攻擊，不受溫度變化的影響。但

第四章　新生兒

是，在出生的一瞬間，孩子周圍的環境就從黑暗寂靜變得極具刺激性，他們柔嫩的身體暴露在粗糙堅硬的環境中，被迫接受成年人粗心大意的照顧。房間裡的人幾乎都不敢去碰新生兒，因為他看上去太脆弱了，只好把他託付給有經驗的人照料。

但是這些人的照料也不夠精細。孩子不應該只是被強而有力的雙手抱起來，更應該被正確地抱起來。護士在照料生病或受傷的人時，學會如何正確移動病人，如何在纏繞繃帶和上藥時減少病人的疼痛，但是一個新生兒卻沒有得到這樣精心的照顧。醫生毫不在意新生兒絕望的哭鬧，周圍的人也不會認真對待。大人們只是微笑地看著，認為哭聲是孩子在發出聲音，鍛鍊肺部，淚水還能夠淨化眼睛。

孩子出生後會被立即穿上衣服，被緊緊地包裹起來。嬰兒小小的身體在母親的子宮裡時蜷縮成一團，現在終於有機會想要伸展了，卻被固定得像石膏一樣動彈不得。對於新生兒來說，衣服不是必需的，甚至在出生的第一個月裡都不是必需的。現在，人們對這一理念的認知逐漸有了一些進步，嬰兒不再被包裹上緊緊的包巾，而是穿上了輕薄的衣服。如果這一理念繼續發展下去，嬰兒的衣服也就完全用不著了。

嬰兒是可以不穿衣服的，藝術作品中經常這樣表現。孩子生活在母親子宮裡時也需要保暖，但熱能大多來自周圍環境，而不是衣服。實際上，衣服只能保存身上已有的熱能而已，並不能產生新的熱能。動物照顧幼體的方式可以證明這一點，即

使幼體已經長出絨毛,母親還是會用身體溫暖牠們。

我們也沒有必要堅持認為新生兒缺乏應有的照顧。我相信,如果有機會和美國、德國或者英國的父母交流,他們都會講述自己是如何關心嬰兒的。而我自己也不了解,並對他們在照顧孩子方面取得的進步表示驚訝。

我從各國人士照顧嬰兒的經驗那裡了解到,人們在嬰兒的照顧上確實已經取得了進步。但是,必須指出的是,到目前為止,沒有任何一個國家對新生兒的真正需求有充分的認知。如果進步指的是看到以前沒有看到的東西,做了曾經認為不必要甚至不可能做的事情,那麼我們必須承認,雖然我們已經為新生兒做了很多,但還有更多的事情沒有做到。

在這裡,我想談一點,無論我們多麼愛一個孩子,從他降生到我們身邊的那一刻起,我們就本能地對他保持防衛狀態。出於人性貪婪的本能,我們急於保護自己擁有的一切,即使它可能沒有什麼內在價值。從孩子出生的那一刻起,成年人的頭腦就被這種思想支配著:「注意不要讓嬰兒弄髒任何東西,也不要帶來麻煩。注意一點,小心提防!」

我相信,當人們對孩子有了更深入的理解後,他們會找到更好的方式來照顧孩子。對於新生兒,我們要做的不應只是簡單的保護,讓他免受傷害,還應採取措施使其適應周圍的環境。實驗表明,這些做法很有必要,父母應該得到這方面的指導。

富有的父母會為孩子提供華麗的嬰兒床、繡著花邊的嬰兒

第四章　新生兒

服等。但是,按照這個標準,如果鞭打孩子仍然是盛行的教育方式,那麼富有的父母就會用一條金鞭來打孩子。然而,這種奢侈並不符合兒童的心理需求。家庭財富應該為兒童提供幸福,而不是奢侈的環境。對一個孩子來說,他最需要的是一個安靜、溫暖的房間,房間裡的光線和溫度可以根據孩子的需求進行調節。

大人在照顧孩子的過程中,經常有抱孩子的舉動。抱起他們嬌小脆弱的身體,是需要一定的練習和技巧的。新生兒還很虛弱,和母親一樣,剛剛經歷死亡的危險。

我們看到新生兒活了下來,會不由得感到喜悅和滿足,這在某種程度上是一種解脫感,說明危險已經過去。但是,有時新生兒可能會呼吸困難,必須吸氧氣,有時可能會有血腫或皮下出血。這樣的孩子絕不能和生病的成年人畫上等號,兩者的需求不同,新生兒要努力使自己在生理和心理上適應全新的、陌生的環境。

我們對新生嬰兒的態度不應是同情,而應是面對造物奇蹟時的崇敬,新生兒的靈性超越了我們可以認知的範圍。

有一次,我看到一個剛出生的嬰兒掉進水盆裡,差點窒息而亡。後來,每當這個嬰兒快速下降時,他都會突然睜大眼睛,伸出小手臂和小腿,就好像要掉下去似的。這是他第一次經歷恐懼。

我們撫摸和移動孩子的方式,以及微妙的情感投入,讓我們感受到了一種充滿希望和崇高的氛圍。新生兒就需要生活在

這樣的環境中。

我們可以把對孩子的照顧和對母親的照顧做一個比較，試想一下母親被當作孩子照顧會是什麼樣子，這樣我們就會看到自己的做法是錯的。我們抱走剛出生的嬰兒，保持環境的安靜，以免打擾到母親。但是，嬰兒被我們穿上帶著花邊和緞帶的漂亮衣服，來來回回地擺弄，不就相當於讓母親在分娩後立即起床、盛裝出席宴會嗎？我們把孩子從搖籃裡抱出來，放在臂彎裡，到母親身邊時再放下去。這對孩子來說難道不是一種折磨嗎？但人們都認為這種做法再正常不過，聲稱孩子沒有真正的意識和感受，既沒有痛苦也沒有快樂。

對一個剛出生的孩子進行過度照顧是很愚蠢的一件事。但是，對不省人事或瀕臨死亡的成年人，我們是如何照顧的呢？這更多體現在情感上的關照。同樣的道理，對於嬰兒來說，他們不僅需要身體上的照顧，也需要成年人給予情感上的關心。這樣看來，我們習慣對待嬰兒的方式實在沒有道理。

我們還未充分認清人類生命最初階段的本質，但是我們正在不斷意識到它的重要性。我們現在了解到，孩子出生的頭幾個月裡受到的痛苦和折磨會影響他未來的整個發展過程。但是，如果我們能在兒童身上找到個體成長的本質，就能在兒童身上找到人類未來福祉的源頭。

我們對新生兒的關注還太少，他剛剛經歷了人生最艱難的危機，當他出現在我們生活中時，我們卻幾乎不知道該如何迎接他。

第四章　新生兒

孩子的內心有一種力量,能讓我們生活的世界更美好。我們曾讀到的一句話,在某種意義上也適用於剛出生的孩子:「他降生到這個世界,然而這個世界卻不了解他。他來到屬於自己的地方,卻沒有人迎接他。」

第五章　天性

在辛苦的哺乳階段，哺乳動物會在本能的引導下精心照料幼體。例如，母貓會把新生的小貓藏在暗處，全力保護新生小貓不被別人看到。直到小貓長大變得活潑，母貓才會讓它們出來走動。

野生動物對幼體的關愛程度更深。牠們大多過著群居生活，但是雌性動物在即將分娩時，就會遠離同伴，尋找一個隱蔽的地方住下。生下幼體後，雌性動物會繼續獨居兩三個星期，甚至一個多月，時間長短因物種差異而不同。在這段時間裡，母親是幼體的照顧者和呵護者，牠會把幼體藏在一個安靜和隱蔽的地方，免受光線和噪音的干擾。

雖然幼體通常天生就具有相當發達的生存能力，能夠站立和行走。但是，母親還是會讓牠們與群體隔離，單獨給予牠們溫柔的照顧。直到牠們更有力量，能夠適應新環境時，母親才會把牠們帶回群體，讓牠們與親人生活在一起。

大多數哺乳動物的母性在本質上都是一樣的，無論是馬、野牛、野豬、狼還是老虎，對幼體表現出的關心確實令人動容。野生母牛在小牛出生後，會帶著牠獨自生活幾週，給牠無

第五章　天性

盡的溫柔和照顧。小牛冷的時候，母牛伸出前腿為牠取暖；小牛髒了，母牛耐心地把牠舔舐乾淨；小牛餓了，母牛用三條腿站立，讓小牛更容易吃到奶。母牛把小牛帶回牛群後，依然會十分耐心地照顧小牛。這是所有哺乳動物的共同特徵。

還有些動物會找不止一處住所，幼體出生後，牠們會煞費苦心地為幼體準備另一個庇護所。例如，母狼會在森林的偏僻處找一個洞穴照顧幼體。如果找不到這樣的庇護所，牠就會在地上挖一個洞，或者在中空樹幹裡找一個窩，拔下胸前的一些毛髮鋪在窩裡。這樣不僅能為幼體提供溫暖和保護，也有利於牠單獨照顧幼體。幼狼出生後的一段時間裡，眼睛和耳朵都是閉著的，這時候，母狼會擊退所有試圖接近幼體的動物。

在家養動物中，有些動物的母性本能有時是畸形的。例如，有的家養母豬甚至會吃掉自己的幼體，而野生母豬則是最溫柔、最親切的母親之一。被關在動物園裡的母獅，也可能會吃掉牠們的後代。這些經驗表明，動物保護後代的本能，只有在不受人為限制的情況下，才能正常發展。

哺乳動物的母性本能清楚地表明，牠們的幼體在與外界環境接觸時特別需要幫助。在經歷了出生的考驗、各種力量的同時覺醒之後，牠們正處於一個需要休息和隔離的關鍵時期。當這一時期過去後，牠們仍然需要幾個月的照顧、養育和保護。

雌性動物不僅要關心其後代的生理需求，還要關心其自然本能的發展，關心如何在同一物種族群中養成一個全新的個體，

而這需要一個安靜隔絕和光線柔和的環境。正如當小馬的腿越來越強壯，學會了辨識和跟隨母親，長成接近一匹成年馬的樣子時，母馬才會放行；同樣地，母貓在小貓睜開眼行走之前，也不允許任何人接近牠。

　　顯然，大自然對動物的生長給予了極大的關注。雌性動物在努力喚醒幼體的潛在本能時，表現出的關心已經超越了生理需求層面。同樣地，我們可以說，人類除了要盡心照料新生兒的身體健康之外，還應關注其心理需求。

第五章　天性

第六章　精神的胚胎

化身

從「化身」的角度來說，新生兒可以被簡單地視為由器官和組織組成的複雜的生命體。但是，即便如此，新生兒身上仍然有很多謎團。如此複雜的生物是如何產生的呢？

我們應該對新生兒的心理活動給予特別的照顧。如果新生兒一出生就已經有了心理活動，那麼隨著年齡的成長，其心理活動的重要性又會如何變化呢？如果我們透過教育來了解孩子的心理而不是智力的發展，我們就可以確定地說兒童的教育應該是從出生開始的，這是當前被普遍接受的觀點。

兒童意識活動和潛意識活動之間的區別，可以作為我們判斷兒童心理活動的依據。但是，即使我們有時候對某些基本概念的理解會有所局限，我們也必須承認，兒童的本能不僅存在於身體發展和營養需求方面，而且也存在於各種心理活動之中。對動物來說，這種本能僅僅是物種所具有的特徵而已。就運動能力而言，人類幼兒的發育速度比其他動物來得慢。即使兒童在出生時就已經有了對光線、觸碰、聲音等的反應，但這

第六章 精神的胚胎

種能力在兒童身上很難發展下去。

新生兒看上去很柔弱、無助，需要成年人照顧很長一段時間。他不能說話，不能站立，需要人們不斷地關注，唯一能發出的聲音就是哭喊，讓成年人幫助他解決各種問題。這種狀態會持續相當長的一段時間，一般至少需要差不多一年甚至更長的時間，他才能站立和行走，更長的時間之後，他才能說話。我們現在可以把一個孩子的心理和生理的成長描述為一種「化身」，我們可以用這個詞理解這種神祕力量，它啟動了一個新生兒無助的身體，促使他成長、說話且不斷進步。

值得注意的是，新生兒在很長一段時間裡都是無助的，而其他幼小的哺乳動物在出生後不久或很短的時間內，就可以站立、行走、追隨母親、掌握物種交流的特有語言。儘管牠們的語言還不完美，甚至是很糟糕。小貓會發出「喵喵」的叫聲，羔羊發出「咩咩」聲，小馬會嘶鳴，雖然這些動物的叫聲不能被同類動物完全聽懂，但牠們根本不用像嬰兒一樣啼哭和喊叫。相比起來，幼年的動物更傾向於保持沉默。

但總體來說，新生動物的生長快速且順利，因為牠已經被賦予了決定其後期行為的本能。我們看到小老虎就能想像出牠以後怎樣跳躍，看到一個還站不穩的孩子就能想像到他將來如何蹦蹦跳跳。剛出生的動物都具有超越其生理器官功能的內在本能，這種本能表現在牠們的活動中，比動物本身的形體特徵更為恆定和獨特。動物這種高於植物功能的特徵，都可以被描

繪為「心理特徵」。既然所有的動物在出生時都有這種特徵,那我們能否在新生兒身上看到呢?

有一種理論解釋說,動物的本能是過去累積的經驗的結果,作為遺傳特徵一直傳承下來。但是,為什麼人類從祖先那裡接受遺傳特徵要如此緩慢地在兒童身上顯現出來呢?人們最終都將學會直立行走、交談、養育後代,但為何要先經歷一段漫長的時間?

有一種愚蠢的解釋堅持認為,人類的精神生活比其他物種高級得多,但不具備特定的心理發展模式。這一明顯的悖論之下,一定隱藏著某些真相。或許是因為人類的精神世界可以隱藏得很深,以至於它不會像動物本能那樣輕易地顯露出來。兒童不受固定和預定的主導本能的約束,這一事實本身就說明了人類主體的內心自由和行動自由,這也許可以透過人們為了方便自己的使用而製造的不同類型的物品來說明。很多東西都是「量產」的,即由機器快速加工出來,整齊劃一。還有一些物品是手工製作的,生產速度很慢且各不相同。手工製作的優點是每一件物品都有製作者的獨特印記,有的展示了刺繡師的技藝,有的則帶有天才藝術家的痕跡。

如果我們把這種對比擴展到生物上,我們可以說人和動物之間的精神區別就像是:動物是批量生產的,帶有所屬物種的特定屬性;而人類就像手工藝品,每個人都不一樣,每個人都有創新精神,每個人都是一件獨一無二的藝術品。但是,創造

第六章　精神的胚胎

人類需要付出很多的辛苦和勞力，不是簡單地複製一個已經存在的類型，而是主動創造出一個新的類別。每一個人最終成型之前，都要經過一段漫長的內部加工。這樣當他真正問世時，才會令人嘆為觀止。這個過程就像是一個藝術家在工作室內完成一幅畫作，在公開展示之前就已經傾注了創造者的全部心血。

這種人格塑造是「化身」的祕密所在。孩子很神祕。我們只知道他有最大的潛力，但我們不知道他會成為什麼樣的人。他必須按照自己的意願「化身」。我們所說的「肉體」是一組由肌肉組成的複合體，正如它們的名字所表明的那樣，這些肌肉是由意志驅動的。沒有這些與人的精神生活密切相關的肌肉，意志就無能為力。沒有某種運動媒介，沒有生理基礎，即使是最低等的昆蟲，也不可能憑藉本能移動。在更高級的生命形式中，尤其是在人身上，肌肉如此的豐富和複雜，以至於解剖學家說，學醫的學生必須至少進行七次完整的肌肉解剖，才可以說自己了解了肌肉。這些不同的肌肉一起配合完成最複雜的活動，有的主動，有的被動，有時一起工作，有時互相對抗。

肌肉的抑制過程總是伴隨著啟動和修正啟動的過程。許多肌肉會協同工作，來執行最複雜的動作，如特技演員的高難度表演或小提琴手的精妙演奏，每一個動作和調整都需要無數肌肉同時參與，每一個部分都準確無誤才能讓動作達到完美。但是，由於人類發展的主導本能是兒童內在的自然能量，因此，人們從來都不太願意相信這種本能。兒童的心理活動獨立於、

先於並活躍於每一個外部活動。

如果僅僅因為新生兒不能站立或者天生不能協調動作，就認為他的肌肉軟弱無力，那這樣的認知絕對是錯誤的。新生兒可以隨意伸展四肢，顯示出肌肉的力量。

吸吮和吞嚥是非常複雜的動作，涉及大量的肌肉之間的協調。與其他動物一樣，嬰兒在出生時就能執行這些動作，但這些本能支配的動作不是主要的。當新生兒的肌肉變得越來越有力，它們就會接收命令並協調完成動作。新生兒的成長不僅是身為人類的一員，而且也是身為一個獨立的人。我們知道，他最終會說話和直立行走，但也會表現出自己獨特的性格。

我們很容易知道小動物長大會成為什麼樣子。羚羊長大後腳步輕快，大象長大後腳步沉穩，老虎會變得凶猛，兔子會成為膽小的素食者。但是，一個人長大後，有可能成為任何樣子。新生兒的脆弱狀態其實是孕育獨特性格的溫床。哪怕他現在口齒不清，但總有一天，他會清楚地說出話來，雖然還無法確認用的是哪種語言。

新生兒的學習最初都是先觀察周圍的人，模仿聽到的聲音，從簡單的音節開始到單字，盡他所能地去學習。在與環境的接觸中，他憑藉自己的意志發展各種能力，從而在某種意義上塑造自我。

哲學家總是對新生兒的無助狀態很感興趣，但到目前為止，教師和醫生對此的關注卻仍不多。他們認為新生兒的狀態

第六章　精神的胚胎

就是一種沒有任何特殊意義的事實而已，與許多其他隱藏在潛意識裡的東西一樣。

然而，在現實生活中，這種錯誤的想法已經危及了孩子的心理活動。秉持這種理念的人認為，新生兒的肌肉沒有活動能力，他們軟弱遲鈍，沒有自己的精神世界。因此，結果是，他們會錯誤地認為，正是在他們的關心和幫助下，孩子才有如此美妙的活力。他們把這種幫助視為己任，並認為他們是孩子的塑造者，是孩子精神世界的建設者。他們試圖透過給孩子的指導和建議，完成外在的創造工作，以培養孩子的情感、智力和意志。

這種教育方式讓很多成年人滿懷自豪感，他們把自己當作孩子們的主導者，並將這句話應用在自己身上，「我要以我的形象塑造人」。這種愚蠢的驕傲是一種罪惡，想要代替自然法則去改造子孫，只能讓成年人更落後、更痛苦。

如果一個孩子的內心深處藏著自己性格的鑰匙，如果他有一個發展計畫並遵守相應的規則，那就一定存在某種微妙的力量，不時地推動他實現計畫。自古以來，人類透過對這些自然法則的干涉，阻礙了其對兒童的創造計畫，並因此阻礙了其對人類的創造計畫。

人類面臨的一個重大問題是，他們沒有意識到這樣的一個事實，即孩子擁有積極向上的精神生活，即使當時沒有表現出來，但這種心理的成長一直在祕密進行，需要很長的一段時間才能完成。

兒童就像生活在黑暗世界裡的一個靈魂，努力向著光明出生、成長，用堅毅的聲音呼喚著，緩慢而堅定地啟用柔弱的肉體。但是，一直以來，成年人就像一個擁有龐大力量的巨大生物，靜候在兒童身邊，等待突襲和壓垮他。因為成年人不了解什麼是「化身」，自然也不會等待它出現，更不會為「化身」做任何準備，相反，還會在這一過程中設定許多障礙。

兒童的「化身」是在一個特殊環境裡孕育一個精神胚胎。正如生理胚胎需要在母親的子宮生長一樣，精神胚胎也需要一個充滿愛和豐富營養的外部環境來保護。在這個環境裡，周圍的一切需要對他表示歡迎，不讓他受到傷害。

成年人意識到這點時，會改變對新生兒的態度，因為兒童這種精神存在的形象不僅會激勵我們，同時會讓我們承擔新的責任。當看到可愛的孩子時，我們就像面對一件有趣的物品，傾注了太多的關注，我們開始理解羅馬詩人尤維納利斯（Juvenal）的那句話：「我們應該向新生兒致以最崇高的敬意。」

新生兒的化身過程總是伴隨著隱祕和努力，這出創造性的戲劇至今還無人能記錄下來。除了人類，還沒有其他生物體會過這種令人疲憊的感覺，必須堅持某個認定的目標，還要被迫對那些遲鈍的能力發出號令，以便使他們活躍和自律。

生命在幾乎沒有任何意識的情況下，透過感官與環境接觸，透過肌膚去接觸世界，不斷實現自我，這個過程充滿了微妙而不確定的感受。

第六章　精神的胚胎

　　個人的精神世界，必然跟他周圍的環境發生著某種交流。正是透過環境，個體才得以被塑造和完善。兒童與周圍環境保持一致，所付出的努力促成他性格的整合。這種緩慢而漸進的過程是精神力量不斷獲勝的結果。這種精神力量必須時刻保持警惕，維護它的主權，避免發展動力因慣性而消亡或僵化。精神力量還必須時刻處於主導地位，以免固定本能支配下的活動所帶來的混亂。為了預防這一點，我們必須提供持續的能量，促進精神的「化身」。

　　在心靈的指引下，新生兒不斷長大，然後慢慢學會從事各種複雜的活動。就這樣，胚胎長成孩子，孩子長大成人，人的性格也是透過自己的努力塑造而形成的。

　　實際上，父母在兒童的生活中做了什麼貢獻？父親提供了一個我們幾乎看不見的細胞，母親除了提供另一個細胞外，還為受精卵提供了一個成長環境，使其最終發育為一個健全的孩子。我們說父母造就孩子是不對的，我們應該說：「孩子是人類之父。」

　　我們應該把孩子的這種隱祕的努力視為一件神聖的事。我們應該歡迎這種努力的表現，因為正是這個創造的過程決定了個人未來的人格。這就是為什麼我們必須對兒童的心理需求進行科學研究，以及為什麼必須為之準備一個合適的環境。我們現在正處於一門科學的初期階段。人們如果能全身心地付出，不斷地努力，就會了解人類發展的祕密。

第七章　兒童發展

敏感期

剛出生的嬰兒,即使還沒有外在行為表現,他們感官的感知能力就已經開啟了心理的發展。雖然這種心理發展是祕密進行的,但如果人們因此就認為嬰兒的心理發展(例如言語的發展)是不存在的,那就大錯特錯了。

我們應該採取這樣一種認知,即兒童心靈深處具有言語能力,儘管他的語言器官還無法準確表達他的意識。兒童身上具有天生的語言學習傾向,實際上,他的精神生活的各個方面都是如此。在嬰兒擁有一種創造性的本能,一種憑藉環境建立精神世界的向上力量。

「敏感期」與心理發展現象密切相關,引發了人們的強烈興趣。我們指的心理發展,是一些可以從外在觀察到的事實。但是,對心理發展的內在機制的研究才剛剛起步,人們對它的認知還不完善。現代科學為我們提供了兩種方法來獲取這方面的知識:一是研究與身體發育有關的腺體和內分泌系統,這些由於對身體健康和保健有重要作用,已經成為主流的研究方向。

第七章　兒童發展

另一個就是對所謂的「敏感期」的研究,可以幫助我們理解兒童心理成長。

荷蘭科學家雨果・德弗里斯(Hugo Marie de Vries)在動物身上發現了敏感期,我們在校園工作中發現兒童身上也有敏感期,而且可以用來輔助教學。

敏感期是指生物在嬰兒期的發展過程中的一段特殊時期,在這一時期,生物處於不斷發展的進程中,對習得某種能力具有特殊的敏感性。敏感期是短暫時間內的一種傾向,僅限於習得某一特定的特質。一旦獲得了這種特質,這種特殊的傾向就消失了。因此,生物的每一個具體特質都是透過衝動或力量的傳遞而獲得的。成長不應歸因於模糊的遺傳決定論,而應歸因於週期性或短暫性的本能精確引導。本能向一種確定的活動提供一種衝動來指明成長的方向,這種活動在敏感期的表現與該物種在成年狀態下的表現有明顯區別。

德弗里斯首先注意到昆蟲的敏感期。昆蟲有明顯的發展階段,每個階段都有不同的形態。德弗里斯舉了蝴蝶幼蟲的例子,它生長迅速,食慾旺盛,會危害植物。在其剛出生的幾天裡,幼蟲不會以大葉子為食,只能吃枝條頂端的嫩芽。雌性蝴蝶是一位稱職的母親,憑藉與生俱來的本能把卵產在樹枝和樹幹的交叉區域,安全又隱蔽。幼蟲從殼裡鑽出來時,需要食用的嫩芽在枝頭,該怎麼到達枝頭呢?是光!牠對光極其敏感,而枝頭的光線最為明亮。在光線的吸引下,幼蟲一點點地爬到

樹枝的盡頭，以大量嫩葉為食以消除飢餓。

值得注意的是，幼蟲成長到足以吃一些更粗糙的食物時，牠的這一段敏感期就過去了。到那時，牠對光線不再敏感，不再特別受到光的吸引。敏感時期的指引一旦失去效用，幼蟲就會開始尋找其他的生活經驗和生活方式。這裡並不是說牠看不到光了，而是對光不再有特殊的關注。

成長到一個新階段後，同一隻幼蟲，之前在進食方面表現出的貪婪，現在又因另一敏感期的啟用而開始堅持禁食。在嚴苛的禁食期內，牠為自己建造了一層外殼，將自己埋進其中，彷彿沒有生命一般。但實際上，牠在殼裡是非常忙碌的，逐漸顯現出成年的形態，長出翅膀，等待華麗破繭而出。

我們知道，蜜蜂的生長過程中有一個階段，那時每一隻雌蜂在幼蟲時期都有成為女王蜂的可能，但是通常蜂群中只有一隻雌蜂能成為女王蜂。工蜂準備了一種叫做「蜂王乳」的特殊食物，被選中的雌蜂幼蟲一直以這種寶貴的食物為食，慢慢成長為女王蜂。如果工蜂在雌蜂幼蟲稍大的時候才選擇女王蜂，幼蟲就不會有強烈的食慾，也不可能發育成女王蜂那樣的碩大身軀。

這樣的範例能幫助我們了解兒童成長的關鍵影響因素。兒童也有一種生命的衝動，使他們做出驚人的行為，違背這些衝動會讓他們變得無助和無能。成年人則不受不同狀態的直接影響。但是，如果兒童不能遵循敏感期的指引行事，那麼天然的

第七章　兒童發展

發展機會就會消失，而且是永遠的消失。在心理發展過程中，兒童的成長過程充滿了奇蹟，除非我們對眼前發生的一切視若無睹，否則我們不可能做一個冷漠的旁觀者。

一無所知的兒童如何適應這個複雜的世界？如何辨別事物？如何透過奇妙的方式來學習一門語言的所有細節？孩子們沒有教師的指導，而僅僅是透過簡單、快樂和輕鬆的生活，就做到了這一切。然而，成年人總是需要額外的幫助來適應一個新的環境，學習一門新的語言。成年人再也不能像孩子學習母語一樣完美地掌握另一門語言，他們只會覺得這門語言枯燥乏味。

兩者有所區別的原因在哪裡呢？

在敏感期。此時，兒童不僅能學到新東西，還能學會自我調整。敏感期就像一束內在發光的光束或一個提供能量的電池。正是因為這種敏感，兒童能夠以一種充滿熱情的方式與外界接觸。這時候，一切都會變得容易，一切都具有活力和熱情，每一次努力都意味著自我力量的增強。只有到了目標實現的那一刻，兒童才會出現疲勞和冷漠。

當一種心理熱情被耗盡時，另一種就會被點燃。兒童就這樣以一種持續的節奏，完成一次又一次的征服，建構起童年的快樂和幸福。人類心理世界的創造，正是在這熊熊烈火般的熱情中得以完成的。

當敏感期消失後，心理的發展是透過理性、自發的努力和艱苦的學習完成的，而那些冷漠、麻木的工作自然會讓人感到

疲憊。這就是兒童心理和成年人心理根本上的區別。

　　兒童有一種特殊的內在活力，這種活力能夠解釋他神奇的征服方式；但是，如果他在敏感期遇到阻礙，心理發展就會受到干擾甚至扭曲，造成心理上的重大創傷。大多數成年人都在不知不覺中留下了創傷，但這一切仍然是鮮為人知的。

　　到目前為止，我們還沒有懷疑過兒童這種心理發展的規則，即這些在敏感期特定特質的獲得。然而，我們在長期的經驗中發現，孩子在充滿活力做一件事時，如果這種活力受到外界的阻礙和制約，他們就會沮喪或者憤怒。人們不了解這些反應的原因，會認為孩子是在無理取鬧、叛逆或者想要得到我們的安撫。這些現象幾乎沒有什麼共同點，但都被稱為「心血來潮」、「反覆無常」或「孩子脾氣」。我們認為孩子所做的任何原因不明的事情，任何頑固的或不合理的行為都是任性的表現。我們也注意到，某些時候，孩子的任性會愈演愈烈。這本身就表明，有某些原因持續影響兒童的行為，而我們還沒有找到補救的辦法。

　　敏感期可以很好地解釋這些孩子氣的任性，但這並不是全部的原因。兒童內心衝突背後的原因各不相同，許多反覆無常的行為是過去偏差所導致的結果，而成人錯誤的處理方式加劇了這種偏差。與敏感期內部衝突有關的各種突發事件，與敏感期本身一樣，都是短暫的。任性的行為不會為在敏感期獲得的特質留下長久的影響，但它們會是一個人心理成熟過程中的阻礙。

敏感期的任性是一種未被滿足的需求的外在表現，是對危險或異常事物的警覺表現。兒童的心理需求得到滿足，身邊的事物不再讓他覺得危險，他自然會冷靜下來。有時，人們會發現，兒童在經歷一種類似病態的激動狀態之後，會突然平靜下來。我們難以理解這種行為，因此，我們必須尋找每一種任性行為背後不為人知的原因。只有真正地了解這些原因，我們才能用正確的方式對待兒童的行為，才能走進兒童的內心深處，才能理解兒童並與他們和諧相處。

敏感期的研究

我們對兒童「化身」和敏感時期的研究，就像做一場探索性的手術，使我們能夠看到促進兒童成長的各種器官的功能。這告訴我們，兒童的心理發展不是偶然的，不是源於外部刺激，而是由短暫的敏感期引導的，與獲得特定特質的短暫本能有關。雖然這發生在外部環境中，但環境更多的功能是提供時機，而非影響它的本質原因，它只是提供了心理發展的必要工具，就像物質環境為身體發育提供食物和空氣一樣。

兒童不同的內在敏感性使他能夠從複雜的環境中選擇適合自己成長的必要元素。它們使兒童對某些事情特別敏感，而對其他事情漠不關心。當兒童特別敏感時，某些物體就像處於聚

光燈下,而其他物體則處於黑暗之中,被照亮的區域構成了他的整個世界。這不僅說明兒童對某些情況或某些事情有強烈欲望,也說明了兒童內心有一種獨特的潛力,他們可以利用這些潛力來推動自身成長。因為兒童正處於敏感期,所以他會做出心理上的調整,使自己能夠適應環境或以越來越輕鬆和精確的方式去發展。

在兒童和周圍環境的這種敏感關係中,我們可以找到一種方法來抽絲剝繭地揭示圍繞著兒童的精神成長所發生的所有奇蹟。這是一種奇妙的創造性活動,我們可以把它想像成是自潛意識中升起的活躍情感,當它們與周圍環境建立連結時,就會成為一個人的意識。兒童由開始感到困惑,到逐漸清晰,最終進行創造性的活動,而學會說話的過程就是如此。

當不同的聲音同時混亂地進入兒童的耳朵時,他們會突然清晰地捕捉到一些感興趣和吸引人的聲音,就像某種未知語言的清晰發音一樣。兒童尚未具有思想的心靈聽到這樣的聲音,這種聲音充滿了他的世界。他特定的神經纖維被觸動,不是所有的神經纖維,而是那些隱藏的、直到現在還只是在斷斷續續的聲音中顫動的神經纖維。這些神經纖維在外界刺激下,開始遵循某種運動規律,並在指令之下改變它們的震動方式。這是生命新時期到來的象徵,精神胚胎開始以新的狀態發育成長,專注於當下的生活,未來的榮耀仍然未知。

兒童的耳朵開始慢慢地辨別出不同的聲音,舌頭也隨之開

第七章 兒童發展

始產生新的動作。儘管在這之前，舌頭只是用來吸吮的。現在，兒童開始感受身體的動作，感受喉嚨、臉頰和嘴唇的運動，被一種無法抗拒的衝動驅使著。到目前為止，這些運動除了給人難以言喻的滿足感之外，沒有任何作用。兒童收縮四肢，握緊拳頭，眼睛轉向說話的人，盯著他的嘴唇，這是他快樂的表現。

兒童正在經歷一個敏感時期。這個無助的生命身上背負著神聖的使命，身體充滿活力，內心充滿了愛。在他的心靈的祕密領域中正在發生偉大的變革，這些奇妙的變化在兒童內心悄悄地發生，異常精彩，而這一切變化的發生最終都能影響到兒童，讓兒童養成受益終身的良好特質。

只要兒童所處的環境與他的內在需求相適應，所有這些都會無聲無息地發生，不被人注意。例如，語言是兒童最難達成的成就之一。人們沒有注意到兒童的語言敏感期，是因為周圍的人不斷說話，為兒童語言的發展提供了必要條件。

兒童的微笑是語言敏感期中唯一可見的外在象徵，當人們用清晰的話語與他進行簡短的交流時，就像一個人能從各種聲音中分辨出鐘聲一樣，他會不由自主地用微笑表現出喜悅。或者，當大人在晚上唱搖籃曲給孩子聽時，一遍又一遍重複同樣的歌詞時，孩子會在那種幸福中平靜下來，這也是敏感期的明顯表現。在這種幸福中，兒童漸漸進入睡眠的世界。這就是為什麼我們要溫柔地和孩子說話，因為我們希望看到他用充滿活

力的微笑回應我們。這就是為什麼自古以來，兒童一到晚上就急切地想讓父母唱歌或者講故事給他聽。

這就是孩子創造力敏感期的強力證據，但也有其他更明顯的證據，儘管是反面例證。當孩子的內在功能受到阻礙時，敏感期的存在就會變得明顯，會在孩子的暴力反應中顯露出來。我們認為這是一種毫無意義的絕望，並稱為「壞脾氣」。但是事實上，這正是孩子在表達不安的內心或未被滿足的需求，這同時造成了孩子某種程度的緊張，是他的內心在暴露問題或努力進行自我保護。

壞脾氣可以表現為不安和漫無目的的動作，像高燒一樣突然發作，且沒有明確的病因。正如我們所知道的，輕微疾病經常會使兒童體溫升高，而成年人幾乎不受這些小病的影響，只是兒童的發燒來得快，去得也快。同樣，在心理層面上，即使沒有相應的外部原因，兒童的異常敏感也會引起劇烈的躁動，而這往往會引起成年人錯誤的關注。事實上，兒童幾乎從出生起就表現出的任性或暴躁，已經被視為人類異常行為的證據。然而，如果每一種生理紊亂都被認為是功能性疾病，那麼我們也必須將心理紊亂稱為功能性疾病，兒童第一次發脾氣實際上是他心理的第一次「生病」。

人們之所以能注意到兒童發脾氣的狀態，是因為病理狀態的表現比自然狀態更明顯。人們開始思考這樣的狀態帶來的麻煩和混亂，思考如何讓兒童平靜下來。自然規律本身並不明

第七章　兒童發展

顯，而違背自然規律所帶來的後果則很明顯。因此，人們不會注意到生命過程中的創造性工作或維持生命活動的細微跡象。簡而言之，生命的創造和保護都是在隱祕中進行的。

同樣的事情不僅發生在生物身上，也發生在人造物品身上。人造物品完工後才會被擺放在玻璃櫥窗裡，但創造它的過程是不對外開放的，儘管生產過程比產品本身更有趣。同樣的，生物體內部各個器官的運作才是真正奇妙的，但沒有人會看到或注意到它們。甚至那些透過這些器官的功能運作而維持生命的人，也沒有意識到它們驚人的複雜性。在日常工作中，自然規律並不會暴露它的存在，而是貫徹了這樣的原則：「不要讓你的右手知道你的左手在做什麼。」最終，日常工作中各種力量的和諧平衡被稱為「健康」或「正常」。

我們注意到疾病的所有細節，卻沒有考慮到健康背後的契機。從很早的時候開始，疾病就已經能被人發現並治療。史前人類知道如何進行外科手術，這可以從骨骼遺骸中得到證明。埃及人和希臘人引進了醫學實踐，但對內臟功能的知識發展得相對較晚。血液循環的發現可追溯到 17 世紀。第一次人體解剖發生在 16 世紀。正是人們對病理學和疾病的研究興趣，逐漸地（儘管是間接地）引導人們了解生理學的祕密，發現和認識人體的正常功能。

因此，兒童的正常活動被掩藏在不為人知的日常之中，而他們的精神疾病則被人們反覆強調，也就不足為奇了。當我們

考慮到精神功能的極端微妙，並在隱祕的黑暗中逐漸完善自己時，這一切就更容易理解了。

如果兒童得不到幫助，如果兒童的生活環境被忽視，那麼他的精神生活將處於持續的危險之中。這樣的兒童就像這個世界裡的孤兒，暴露在傷害之中，必須靠自己為自身心理發展而奮鬥，並且可能在這個過程中失敗。成年人不提供幫助，是因為他們甚至不知道是什麼力量在發揮作用，他們不知道兒童精神活動的創造過程中所發生的奇蹟，因為表面上什麼都看不出來。

我們不能再對兒童的心理發展視而不見。我們必須儘早給予他們支持。這種支持不在於塑造一個兒童，而是因為這一項任務本就是自然規則的要求。我們需要做的是對這一發展的外在表現予以尊重，並提供兒童成長所需的條件，而這些條件是兒童僅憑自己的努力無法獲得的。

如果說由於功能失調或疾病導致兒童精神發育出現缺陷，從而引發了大量問題，那麼相對的，健康兒童的關鍵在於發掘一些隱藏的能量。當人們還不了解嬰兒保健和養育的方法時，嬰兒的死亡率極高，這只是問題的一個部分。另一部分，在倖存的孩子中，許多人有失明、佝僂病或是瘸腿、癱瘓等問題。許多兒童有嚴重的身體缺陷和器官衰退，這使他們可能更易感染結核病等傳染病。

同樣，我們也沒有足夠的計畫保障兒童的心理健康。我們

所處的環境中,沒有任何東西可以保護和保障孩子的心理健康,我們也不了解那些激發人們心理發展的神祕力量。

發展混亂會導致許多生理畸形——失明、虛弱、發育遲緩、死亡,更不用說心理上的扭曲——如傲慢心理、對權力不正常的欲望、貪婪和憤怒了。所有這一切不是一種修辭和寓言,而是兒童心理狀態的可怕現實。起初微小的錯誤會在未來生活中造成重大偏差,他會在一個並不真正屬於他的精神環境中成長並成熟,失去原本屬於他的生活的天堂。

觀察和案例

多年來,心理學家試圖了解兒童身上的運動反應,事實上這種運動反應源於感官刺激下的心理反應。但這些實驗無法證明嬰兒是否會產生精神活動。而這種活動,即使不成熟,也是先於任何運動而出現的。

感覺提供了首要衝動。因此,正如萊文在電影中所展示的,嬰兒如果想要得到一個東西,就會伸展整個身體去試圖接觸。後來,隨著動作的逐步發展和身體的協調,他就能完成某一獨立的動作,伸出手來拿到想要的東西。

另一個例子是一個 4 個月大的嬰兒,他目不轉睛地盯著一個正在說話的成年人的嘴唇。嬰兒會活動自己的嘴唇,特別是

當他保持頭部姿勢固定時，這顯示了他被成年人的聲音所吸引。6個月大的孩子可以掌握幾個獨立的音節，但是在他發出這些聲音之前，他就已經在認真地傾聽，並且祕密地啟用了發聲器官。

這表示嬰兒有一個心理發展原則，可以逐步激發他的行為。這種敏感性的存在是透過觀察而不是實驗來了解的。在嬰兒時期進行心理實驗，會消耗他們極大的精力，這只會對探索嬰兒的心理世界的祕密活動造成損害。

對兒童心理世界的觀察方法，必須參考法布爾（Jean Henri Fabre）的昆蟲觀察法。法布爾會讓自己隱藏在自然界裡，觀察昆蟲們忙碌的工作，並避免打擾到牠們。當兒童的感官開始累積對外部世界的有意識的印象時，我們應該開始觀察他們，並避免打擾他們，因為正是在這個時候，他們的生命正依靠物質環境獲得自然的發展。

人們如果願意幫助兒童，前提是要有幫助兒童的真心，並進行足夠的嘗試，觀察不必詳盡，解釋也不必複雜。這種觀察方法非常簡單，在一些例子中就能明顯地看出來。

兒童還無法站立時，成年人堅信他們應該一直平躺著。但是兒童都是透過他們周圍的環境，從天上到地上，獲得對這個世界的初步的感性認知。如果兒童平躺著，他們就只能凝視和床罩一樣白、一樣單調的天花板。他們應該要看一些能讓他們真正感興趣的事物，這樣才能獲得心靈的滋養。

父母常常認為，嬰兒需要一些東西來分散對周圍環境的注

第七章　兒童發展

意力。因此,他們會把球或其他物體綁在繩子上,不斷地在嬰兒頭頂上晃動。嬰兒渴望從環境中獲得印象,但是他們還不能轉動頭部,只能用眼睛跟隨著這個擺動的物體。嬰兒被大人擺成這樣的姿勢,眼前還有物體在不斷晃動,他們做出的動作會極其不自然,這會對他們造成傷害。

兒童躺著的時候最好在稍微傾斜一點的地方,這樣他就可以看到周圍的一切。更好的做法還是把兒童抱到花園裡,看看那裡的花、鳥和隨風搖曳的植物。在不同的場合,兒童應該保持一致的觀察姿勢,這樣他就可以反覆看到相同的場景,學會如何辨識物體的相對位置,學會區分生命體和非生命體。

第八章　秩序

兒童有一個非常重要且神祕的時期，在這個時期裡，他們會對秩序極其敏感。這種敏感出現在兒童出生後的第一年，並會持續到第二年。人們普遍認為兒童本身是沒有秩序感的，因此，兒童秩序敏感期的出現讓人難以置信。

如果兒童生活在城市裡，在一個封閉的環境中，周圍充斥著各式各樣由成年人移動和安排的物體，兒童不明白物體存在和擺放的理由，就很難在內心形成自己的判斷。如果他正處於對秩序敏感的時期，他所感知到的混亂可能會為他帶來發展障礙和紊亂。

兒童的心靈深處是有祕密的，然而照顧他的成年人卻無法了解。兒童會無緣無故地哭泣，抗拒一切安慰，這種事情發生多少次了？這本身就說明兒童的一些需求沒有得到滿足，而這些需求必須由成年人來滿足。

我們注意到，出生幾個月的嬰兒就會對秩序表現出敏感。他們看到東西擺在適當的位置時會表現出熱情和快樂，這可以看作為秩序感的積極表現。人們如果受過觀察方法的訓練，就很容易辨識這一點，我可以舉一個例子來說明。

第八章　秩序

　　一位保母負責照顧一個女嬰，女嬰每當看到一塊用大理石砌成的灰色的古老牆壁時，就會笑得很開心，表現出極大的興趣。儘管孩子只有5個月大，儘管她家的別墅裡開滿了美麗的鮮花，但是保母每天推著嬰兒車到這塊牆壁前時，似乎都能讓孩子產生一種持久的快樂。

　　這種敏感期的存在，或許會在孩子再次遇到障礙時表現得更明顯，很可能大多數孩子的壞脾氣都與此有關。我記得有很多類似的例子，其中一個例子的主角是一個6個月大的小女孩。

　　一天，女孩看見一個女人走進房間，把陽傘放在桌子上。女孩激動起來，不是因為女人的到來，而是因為陽傘被放在了桌子上。她盯著陽傘看了一陣子就開始哭了。那個女人以為她想要傘，就把它拿起來，微笑著遞給她。但女孩把傘推開，繼續大哭。人們努力使孩子平靜下來，但毫無效果，她只會變得更加激動。那麼，最後是怎樣讓她平靜下來的呢？是因為母親洞察了孩子的內心，把傘從桌子上拿下來，帶到了另一個房間。孩子頓時平靜下來，原來她激動的原因是傘放在了桌子上，這把放錯位置的陽傘極大地擾亂了女孩對於物體擺放的記憶模式。

　　另一個例子的主角是一個稍大一點的男孩。我曾和一小群遊客一起穿過那不勒斯尼祿石窟的隧道，其中有個年輕的女人帶著一個一歲半的孩子。孩子年齡太小，無法獨自走完這段相當長的路，一下子就累了。母親把他抱在懷裡，但沒想到自己

的力量不夠,於是她只好停下來,脫掉大衣掛在手臂上,這樣才能不受束縛地抱著孩子。但是男孩哭了起來,越哭越厲害。母親試圖使他平靜下來,但徒勞無功。顯然,母親已經精疲力竭,變得非常激動。遊客們也開始感到不安,想幫助她,便接連去抱孩子。但是,孩子拒絕被別人抱,哭鬧得越來越厲害。大家只好大聲鼓勵母子倆,但這只會使情況更糟。顯然,男孩已經情緒失控,母親不得不打算帶他原途折返,場面一度變得非常棘手。

這時候,導遊插手了,他堅決地把孩子抱在懷裡,但這遭到了孩子的強烈反抗。而我則確信這樣的反應與孩子的內心敏感有關,所以決定去試一下。我走到孩子母親面前,對她說:「我可以幫妳穿上外套嗎?」她驚訝地看著我,因為她並不覺得冷,但還是帶著困惑答應了我的要求。看到母親穿上大衣,孩子立刻平靜下來,眼淚和焦慮都不見了,不停地說「大衣……身上」,意思是「妳的大衣穿在身上」。是的,在他看來,「媽媽應該把外套穿在身上」,而母親穿上大衣的動作對他來說似乎意味著「妳終於明白我的意思了」。他微笑著向母親伸出雙臂,和我們一起順利地完成了穿越隧道的旅程。在男孩秩序感的意識裡,大衣就是用來穿在身上的,不應該像破布一樣掛在手臂上。他在母親身上注意到的混亂,才是這場激烈衝突的起因。

另一個家庭場景很能說明這一點。一位母親覺得有點不舒服,正靠在扶手椅上休息,椅背上放了兩個墊子。不到 20 個

第八章　秩序

月大的小女兒走到母親面前，請求她講一個故事。母親怎能拒絕孩子這樣的請求呢？儘管她覺得不舒服，但還是開始講一個小故事，孩子聽得非常認真。但是，母親的症狀變得嚴重，不能再講下去了，不得不請女傭扶她到隔壁房間睡覺。小女孩被留在扶手椅旁邊，哭了起來，看上去是在為母親的痛苦感到難過，周圍的人都試圖使她平靜下來。

女傭打算從拿起椅子上的墊子送進臥室時，女孩開始大叫：「不，不要拿墊子！」她好像是想說：「至少留下點東西在這裡。」

女傭用溫柔的話語安撫女孩，並把她帶到母親的床邊，母親不顧自己的痛苦，強迫自己繼續講故事，以為這樣就能滿足孩子的期待。但女孩繼續抽泣著，淚流滿面地說：「媽媽，椅子。」她試圖用這種方式告訴媽媽，她應該待在椅子那裡。顯然，她對故事內容已經不感興趣了。故事是從一個房間開始講的，在另一個房間繼續講下去，母親和墊子都換了位置，這些變化在小女孩的腦海中造成了強烈的衝突。

上述這些例子都表明，兒童對事物秩序的本能需求如此強烈。令人驚訝的是，在一個兩歲的孩子身上，對秩序的需求會以一種平靜的方式被表現出來，這說明這一本能極其早熟。正是在這個時候，這種需求成為一種活動準則，並表現為學校中最有趣的現象之一。

當一個物體出現在不恰當的位置時，孩子會感知到它的錯位，並想要讓它回到原位。這個年齡的孩子會覺察到細微的失

序，這些是成年人甚至更大一些的孩子注意不到的。例如，如果一塊肥皂放在洗臉檯上，而不是放在肥皂盤裡，或者一把椅子的位置不對，兩歲的孩子會注意到這些，並把它們放回到原來的位置。

當某些物體的秩序與兒童內心的秩序不符時，這種混亂就會刺激他，指揮他的行動。毫無疑問，這樣的做法還有更重要的意義。對兒童來說，秩序是一種生活需求，當它得到滿足時，就會產生真正的幸福。事實上，在學校裡，即使是大一點的孩子，也就是三、四歲的孩子，運動後也會把用過的東西放回原處，而且這是他們最愉快和自發完成的任務之一。

秩序包括人們認識每個物體相對於環境的位置，以及記住每個物體的擺放位置。這意味著一個人在所處的環境中定位自己，並能夠掌握相應的細節。當內心秩序與環境相協調時，這個人就能閉著眼睛四處走動，伸手就能找到他想要的任何東西。這樣的環境是獲得和平與幸福所必需的。

顯然，兒童對秩序的熱愛和成年人不同。秩序為成年人提供了一定的外在愉悅，但對於小孩子來說，情況則完全不同。秩序之於兒童就好像是大地之於動物，水之於魚一樣重要。新生兒會去適應所處的環境，找到支配環境的原則，這些原則是他們以後必須掌握的。由於孩子是由他所處的環境塑造的，他需要精確而堅定的指導，而不僅是一些模糊的原則。

我們可以從小孩子的遊戲類型中，看到秩序帶給孩子們的

第八章　秩序

天然的快樂，而且令我們驚訝的是，他們對邏輯有著迫切的渴求，在適當的位置找到相應的物品是他們唯一的樂趣。

在進一步探討之前，我有必要引用瑞士心理學家皮亞傑（Jean Piaget）教授在自己孩子身上完成的一個實驗。他當著孩子的面把一個東西藏在一把椅子的坐墊下面，然後讓孩子出去，他再把這個東西放在對面的另一把椅子的墊子下面。教授希望孩子先在第一個墊子下面找東西，當他找不到時，再在另一個墊子下面找。但是，孩子回到房間後，只是掀起第一把椅子的墊子，然後用他含糊的語言說：「它不見了。」但是並沒有努力去別處尋找。

皮亞傑教授緊接著重複了這個實驗的全過程，向孩子展示了他是如何從一個墊子下面把物體拿出來放在另一個墊子下面的。但小男孩還是像以前一樣尋找，再次說：「不見了。」教授幾乎認定他的兒子是個傻瓜，不耐煩地掀起第二把椅子上的墊子說：「你沒看見我把它放在這裡嗎？」「是的，我看見了。」孩子回答，然後指著第一把椅子說，「但它應該在那裡。」孩子不是想找到它，而是想在物體應該在的位置找到它。顯然，他認為是教授不懂這個遊戲的規則。如果不把東西放在它應該在的位置，那遊戲的目的是什麼？

有一次，我看到一群兩三歲的孩子在玩捉迷藏，他們愉快、興奮和期待的神情溢於言表，但他們的玩法卻令人覺得奇怪。一個孩子彎下腰，爬到一張鋪著桌布的桌子下面。其他孩子看

到他這樣做後,走出房間,然後再回來,掀開桌布,因為找到了躲在桌子下的同伴而歡呼。遊戲一次又一次地重複,他們輪流說:「我把自己藏起來了,現在開始找吧。」然後其他的同伴會走到桌子前找到他。

還有一次,我看見一群大一點的孩子和一個小孩子玩捉迷藏的遊戲。小孩子躲在家具後面,大一點的孩子們進來後假裝沒看見他,四處張望,故意不去家具後面找,以為這樣可以讓小孩子覺得好玩。但小孩子突然大聲喊道:「我在這裡!」語氣顯然是在暗示:「你沒看到我在這嗎?」

有一天,我參加了這樣的遊戲。一群小孩歡呼拍手,因為他們發現同伴總會藏在門後。他們走過來對我說:「跟我們一起玩吧,你躲起來。」我接受了邀請,他們都一本正經地跑出房間,好像不想看到我藏在哪裡似的。我沒有藏在門後,而是躲在櫥櫃後面的一個角落裡。孩子們回來了,成群結隊地在門後找我。我等了一下,看到他們沒有找到我,就從藏身的角落裡走了出來。孩子們既失落又困惑,問:「你為什麼和我們站在一起?你為什麼不躲起來呢?」

如果遊戲的目的是快樂(事實上,孩子們樂於重複幼稚的行為),那麼我們必須承認,在某一時期,孩子的生活樂趣在於在適當的地方找到特定的東西。他們把隱藏理解為在一個隱蔽的地方放置或發現某物,好像他們對自己說:「你看不見它,但我知道它在哪裡,我閉上眼睛也能找到它。」

第八章　秩序

　　所有這些都表明，大自然賦予兒童一種對於秩序的敏感，這是一種內在的感覺，能區分不同物體之間的關係，而不僅僅是區分物體本身。因此，這樣的敏感性會讓周圍的環境構成一個整體，使每一部分都相互依賴，這樣的環境為兒童整體的生活提供了基礎。當一個人身處這樣的環境時，他就會調整自己的活動，從而實現特定的目標。一個人的頭腦裡有各式各樣的影像，如果說這些影像不按某種秩序排列，那對人又有什麼意義呢？就像人們有一堆家具卻沒有一間屋子來有序地擺放。人們認識各式各樣的事物，卻不了解它們之間的相互關係，這會讓人們生活在一種無法自拔的混亂狀態中。正是在童年時期，人們學會了在生活的道路上引導和指導自己。

　　大自然賦予兒童的第一個敏感時期與秩序有關，給了兒童一個指南針，使他們能夠在這個世界上定位自己。它就像一位教師，展示了教室的平面圖給班上的學生看，使他們對空間布局有了初步的認知。大自然賦予兒童模仿成年人語言的能力。所以，人的智慧不是憑空產生的，而是建立在兒童敏感期的基礎上。

內在秩序

　　兒童有雙重的秩序感。一種是外在的，與他對自己與環境關係的感知有關。另一種是內在的，使他意識到身體的不同部

位及其相對位置,這種敏感性可以稱為「內在定向」。實驗心理學家對內在定向進行研究,發現到是肌肉感受的存在使個體意識到身體的不同部位及分布位置,這需要一種特殊的記憶,即「肌肉記憶」。

這樣的解釋是基於有意識的行為經驗,因此,完全是機械性的。例如,有人聲稱,如果一個人伸手去拿某物,這個動作就會被感知並固定在記憶中,而且還可以被複製。因此,一個人可以再次選擇移動左手或右手,轉向一個或另一個方向,因為他以前有過這樣自主行動的經驗。但是,兒童的眾多動作顯示,早在他可以自由活動和擁有這些經驗之前,他就已經經歷了一個對身體部位高度敏感的時期。換句話說,大自然賦予孩子一種特殊的敏感性,使他能夠敏銳地感覺到身體的各種體態和姿勢。

以往的理論建立在神經系統的運作機制之上。而實際上兒童的敏感期是與心理活動密切相關的,是神經衝動和心理洞察力的結合,這為意識發展奠定了基礎。敏感期的能量是自發的,產生了構成心理發展的基本原則。因此,大自然為心理發展提供了潛在的、自覺的經驗。

當外在環境阻礙了心理敏感性的平穩發展時,我們也可以從強烈的反應中,從側面印證敏感期的存在。在這種情況下,兒童會變得非常激動,只要不利的環境持續存在,他的暴躁情緒就會阻礙一切療癒的效果,最終可能導致心理疾病的產生。

第八章　秩序

然而，障礙一旦消除，兒童的暴躁情緒和疾病就會消失，從而證明環境與敏感期的關係是這些問題產生的根本原因。

在這方面，一個有趣的例子是一位英國保母的經歷。當時，她不得不暫時離職，就找了一位很有能力的保母來代替她，但是新保母在為孩子洗澡時遇到了很大的麻煩。孩子每次洗澡時就會變得焦躁和絕望，不僅會哭，還會躲避保母，並試圖推開她逃跑。保母為孩子做了她能想到的一切，但還是沒辦法讓孩子喜歡自己。原先的保母回來後，孩子恢復了平靜，也能高高興興地去洗澡。這位保母在我們的一所「兒童之家」接受過培訓，對孩子的厭惡心理很感興趣，她耐心地向新保母解釋了孩子含糊的言行背後的原因。孩子為什麼把新保母當作壞人呢？因為她替孩子洗澡的動作的左右順序跟前一位保母是相反的。兩位保母比較了自己替孩子洗澡的方式，發現了這一細節的差異，第一個保母用右手抱著孩子的頭，左手抱著孩子的腳，而第二位保母正好相反。

我碰巧遇到過另一個更嚴重的案例。孩子所有的症狀都原因不明，雖然我不是醫生，沒有辦法直接介入，但還是提供了幫助。這個孩子還不到一歲半，剛和父母完成了一次長途旅行，他的父母認為，因為孩子太小了，難以承受旅行的疲勞，所以會生病。不過他們說，旅途中沒有發生任何意外。每天晚上，他們都在最好的旅館裡休息，準備好嬰兒床和專門的嬰兒食物。這家人現在住在一間寬敞的有家具的公寓裡，因為沒有

嬰兒床，孩子和媽媽睡在一張大床上。孩子最初的症狀是失眠和胃部不適，到了晚上，就必須被人抱著。大人以為孩子是因為胃不舒服才哭，就請了專業的兒科醫生替孩子看病。孩子被安排了專門的嬰兒飲食，父母還會帶他去散步、晒太陽，但都無濟於事。夜晚成了一家人最難熬的時間。後來，孩子開始抽搐起來，在床上扭動並發生痙攣，每天要發作兩三次，非常痛苦。

最後，父母只好請一位著名的兒童神經疾病專家來替孩子看病，我就是從這裡開始參與的。據孩子父母說，孩子在長途旅行期間身體一直很好，看起來也沒什麼異常，現在的問題似乎是出於心理原因。當我看到那個孩子在床上發作了一次後，我認為他的精神障礙的確源於某種心理因素。我拿了兩個枕頭，把它們並排放在一起，布置成旅館裡帶護欄的小床的樣子。然後，我鋪好床單和毯子，把臨時搭建的嬰兒床放在孩子的身邊，不發一語。小傢伙看了看小床，停止了尖叫，爬到床邊，然後爬上嬰兒床，嘴裡喃喃道：「Cama！Cama！Cama！」西班牙語，意思是搖籃。他很快就睡著了。後來，這種情況再也沒有發生過。顯然，孩子躺在大床上時，失去了在嬰兒床兩側的支撐物。這種落空感在他的內心造成了混亂和痛苦，似乎無法被治癒。他正處於建立秩序的敏感期中，他的反應說明了敏感期的力量。

兒童對秩序的感覺和我們不一樣。我們擁有大量秩序的經

第八章　秩序

驗,因此對它的存在感到麻木。但是,兒童是一張白紙,正在不斷獲取對外部世界的印象。他從無到有地體會著創造的疲勞。成年人就像一個付出汗水和辛苦後致富的人的後代,不能夠理解那些汗水中的艱辛,也不能理解父輩所忍受的辛勞。因為成年人在社會上的地位已經確立,所以變得冷漠而粗心。

現在,我們可以利用兒童時期在心中建立的理性,利用這一時期培養起來的意志。如果我們能在這個世界中定位自己,那是因為我們在兒童時期建立了這樣的行為模式。如果我們已經具備了充足的意識,那是因為我們在兒童時期的準備讓這一切成為可能。我們是富有的,因為我們從兒童時期繼承了很多東西,從一無所有到為自己提供了未來生活的基礎。兒童也是從無到有,建構起對未來生活的首要原則的,並且付出了巨大的努力。他是如此接近生命的源頭,以至於他單純地為了行動而行動。但是,這樣的創造過程,成年人既不了解,也沒有儲存在記憶裡。

第九章 智力

兒童的心理發展過程告訴我們，智力並不像機械論心理學家認為的那樣，從外部緩慢地建立起來，但這種觀點對教育的理論和實踐仍然有很大的影響。根據他們的理論，我們會加深從外部物體上獲得的印象，促使我們開啟感官之門。然後，感官印象就在心理世界穩定存在，逐步地相互連繫，最終變得井然有序，並建立起思想。

某位心理學家曾說過：「智力中的所有東西在某種意義上都起源於對外界世界的感知。」可以用於解釋兒童的心理發展過程。由此，我們可以得出這樣一個結論，兒童在心理上是被動的，他們受周圍環境的支配，完全受成年人的控制。一個類似的概念是，兒童不僅在心理上是被動的，而且他就像一個空瓶子，等待被外界填充和塑造。

我們的實踐經驗，必然會使我們重視環境對兒童心智發展的重要影響。眾所周知，我們的教育系統高度重視兒童所處的環境，使其成為教育的中心。與其他教育體系相比，我們對孩子的感受也有更高水準、更合理的尊重。但是，我們對兒童智力發展的認知，與那種認為兒童是被動者的傳統觀點有著微妙的區別。

第九章 智力

　　我們堅信兒童的內在敏感性作用。兒童的敏感期會一直持續到5歲左右，才使他能夠以一種真正非凡的方式感知外界環境。兒童是一個觀察者，透過感官積極接收這些影像，但這並不意味著他像鏡子一樣被動接收這些影像。真正的觀察行為來自內心的衝動、感覺或特殊的品味，因此，他對影像的反應是有選擇性的。

　　心理學家詹姆斯（William James）闡述了這個概念，他認為沒有人能完整地看到事物的全部細節，也就是說，每個人是根據自己的感情和興趣來看待事物的，因此只能看到其中的一部分。因此，同一個物體在不同的人那裡有不同的描述方式。詹姆斯自身的例子也很適用於這一現象，他說：「如果你對一套新衣服非常滿意，走在路上，你就會開始注意別人的衣服，從而冒著被車撞到的風險。」

　　我們可能會問，是什麼讓孩子們特別感興趣，使他們在無數個畫面中選擇出特定的影像？顯然，並沒有任何外部的衝動，也不存在詹姆斯所舉的例子中那樣的外部衝動驅動思想的發展。孩子最初什麼都不懂，獨立地成長，是理性讓孩子們在敏感期獲得螺旋式上升的發展。理性過程是自然的、創造性的，它像生物一樣逐漸成長，並以從周圍環境中獲得的影像為基礎，從而獲得發展的力量。

　　理性提供了初始動力和能量。各式各樣的影像都是為了服務於理性，孩子獲取的第一個影像也是用來服務理性的。我們

甚至可以說，兒童對這樣的影像是渴求的，甚至是貪婪的。眾所周知，光、顏色和聲音對孩子有強烈的吸引力，能讓孩子們產生強烈的興趣。但是，我們更希望指出的是這種理性的內在發展過程，即理性過程本身是一種自發性的運動，即使此時它只是一個開始。

顯然，兒童的心理狀態值得我們去尊重和支持。兒童從無到有地發展出自己的理性，甚至還沒來得及學會用自己的小腳走路，就已經踏上了理性的發展道路，這是人類特有的特徵。

我記得一個特別有意思的案例，能夠更好地解釋這一問題。一個4週大的嬰兒，出生之後從未離開過他的房間。一天，保母抱著他走出房間，他的父親和叔叔住在同一間屋子裡，兩個人的身高和年齡都差不多。孩子看到這兩個人時，開始感到驚訝和害怕。他的父母熟悉我們的教育方法，開始緩解孩子的恐懼。他們在孩子的視線範圍內，分別站在他的左邊和右邊。孩子轉過身看其中一個人，認真看了一會兒後，笑了起來。

但後來他突然變得擔心起來，迅速轉過頭去看另一個人，過了一段時間才對他微笑。孩子把頭從一邊轉到另一邊，重複了十幾次，交替表現出關心和寬慰的表情。他們是孩子出生至今見到過的男人，兩人在不同的場合都和他單獨玩過，他們把他抱在懷裡，親切地對他說話。隨著孩子慢慢長大，他漸漸意識到，這間屋子裡除了母親、保母和其他女人之外還有其他人存在，但他從未見過兩個男人一起出現，顯然就會得出結論：

第九章　智力

家裡只有一個男人。當突然看到兩個人同時出現時，他嚇了一跳。

嬰兒在和周圍環境接觸的過程中，會對周圍的人產生模糊的印象。所以嬰兒認出了其中一個男人，但是，當另一個男人在他的視線範圍內出現時，他意識到自己一開始就想錯了。在出生後4週的時間裡，當他在「化身」的過程中掙扎時，他已經意識到人類理性的不可靠。如果嬰兒的父親和叔叔不知道嬰兒從出生起就有心理活動，他們就無法幫助孩子「獲得更大的覺醒」。

我們還可以舉出年齡較大的孩子的經歷作為例子。一個6個月大的孩子坐在地板上擺弄著靠枕，靠枕表面有花朵和孩子的照片。孩子聞著「花朵」，親吻著「自己」，顯然很高興。照顧他的女傭沒有受過很好的育兒教育，她認為孩子應該會很高興接觸其他東西。於是，她急忙把各種東西拿給他說：「聞聞這個！親親這個！」事實上，孩子在辨識圖案並將其牢記的過程中，對思想進行了重組，這使他能夠以一種快樂平靜的狀態建構自己的內心。然而現在的結果是，他被弄糊塗了，為獲得內心和諧而做出的努力被一個成年人打亂了，而這個大人還沒有意識到發生了什麼。

成年人粗暴地打斷兒童的思考或試圖分散他的注意力，可能會阻礙兒童的內在努力。他們抓住兒童的小手，親吻他，或者試圖讓他入睡，而不考慮他特殊的心理發展需求。因此，成

年人對這部分知識的無知,會抑制兒童的原始發展欲望。另一方面,兒童完全有必要接收清晰的影像,因為只有透過這些清晰的影像和對這些形象做出區分,他們才能塑造自己的智力。

有一位兒童營養學家曾做過一個非常有意思的實驗,他開立了一家診所,從大量的經驗中得出結論,即在為兒童提供飲食時,必須考慮兒童之間的差異。兒童在達到特定的年齡階段之前,沒有任何一種食物可以替代母乳,因為對一個兒童有益的食物,對另一個可能有害。

他的臨床經驗在不到 6 個月的孩子身上得到了很好的印證,對 6 個月以上的孩子則失去了效果,因為在 6 個月之後,餵孩子吃飯比以前容易得多。

在診所裡,教授為那些貧窮到不能讓孩子吃其母乳的母親開了一個門診,方便她們諮詢如何養育孩子。但教授發現,這些貧窮家庭的孩子在 6 個月大時,並沒有出現令人擔心的營養不良症狀。

經過反覆觀察,教授得出結論,這種現象背後一定有心理原因。他開始觀察診所裡年齡在 6 個月以上的孩子,特別留意患上了「由於缺乏心理營養而導致的倦怠症」的孩子。教授讓孩子們到比較陌生的地方散步而不只是診所的院子裡時,孩子們得到了快樂和放鬆,也恢復了健康。

無數的實驗已經明確地表明,孩子們在出生後的第一年裡,能對周圍的環境有清晰的感知印象,以至於再見到圖片時,就

第九章　智力

能夠認出來。但是需要指出的是，這種印象一旦獲得，他們很快就會失去對這種事物的濃厚興趣。

從出生後第二年開始，孩子們就不再被華麗的物體和鮮豔的色彩吸引，因為樂趣是敏感期的特徵，他們現在會被那些我們沒有注意到的微小物體感興趣。我們甚至可以說，他對看不見的東西感興趣，或者至少對在意識邊緣發現的東西感興趣。

我第一次發現兒童的這種敏感性，是在一個 15 個月左右的小女孩身上注意到的。我聽到她在花園裡發出陣陣笑聲，這對這麼小的孩子來說很不尋常。她一個人坐在地上，附近是一片美麗的天竺葵，在熱烈的陽光下綻放，但她並沒有在看花，而是盯著地面，那裡顯然什麼也沒有。她固執的孩子氣，令人費解。

我慢慢地走到她身旁，仔細地看了看地磚，什麼也看不到。然後，小女孩向我解釋說：「那裡有一個小東西在動。」在這句話的提示下，我看到了一隻微小的、幾乎看不到的昆蟲，顏色與磚塊接近，正在飛快奔跑。令小女孩感到驚奇的是，有這麼一個小東西，牠在動，甚至在跑！她的驚奇變成了驚喜的喊叫，那麼小的一個孩子，喊叫聲比平時更響亮。那一刻，她的歡樂不是來自太陽，也不是來自花朵，更不是來自她周圍燦爛的色彩。

一個與小女孩差不多同歲的小男孩也曾以同樣的方式讓我留下深刻的印象。母親為他整理了一大堆彩色明信片供他玩，孩子

似乎很感興趣，還把它們拿給我玩。他孩子氣地解說「叭——叭」，其實指的是「汽車」。我意識到他是想讓我看卡片上的汽車。

他手裡有一大堆卡片，每張卡片上都有美麗的圖案。媽媽收集這些卡片，既是為了讓他玩得開心，也是讓他從中學到一些知識。有的卡片上有熊、獅子、長頸鹿和猴子等各種不常見的動物，有的卡片上有鳥類，有的卡片上有一些孩子們感興趣的家養小動物，如小綿羊、貓、驢、馬和牛，還有的卡片上有各種風景、房屋、動物和人。

然而，讓我感到奇怪的是，各式各樣的圖案中，就是沒有汽車。我問孩子：「我沒有看到任何汽車。」然後，他看著我，拿出一張卡片，得意地說：「給你！」卡片中央有一隻漂亮的獵犬，遠處是一個肩上扛著槍的獵人，而在角落裡有一棟小屋和一條蜿蜒的細線。這條線一定是條路，線上可以看到一個黑點。孩子用手指著它說「叭——叭」。

雖然小到幾乎看不見，但仔細看的話，可以看出來這個點的確代表一輛汽車。這輛汽車畫得太小，如果不仔細觀察，很難看得清楚。但是，它還是吸引了孩子的注意，使孩子指給我看。我想，或許孩子沒有注意到卡片上漂亮的圖案。我挑了一個上面有長頸鹿照片的圖片，對男孩說：「看看，這是長頸鹿。」男孩立刻面無表情地說：「長頸鹿。」孩子的反應讓我失去了繼續說下去的勇氣。

第九章 智力

我們可以說,兒童出生後的第二年裡,智力發展會受到大自然的引導,不斷進步,直到他真正掌握了許多知識。

成年人經常試圖給三四歲的孩子看一些日常中常見的物體,好像這些東西以前孩子從來有沒見過一樣。但這對一個孩子的影響,就像是成年人將孩子當作聾人並對著他大喊大叫,竭力想讓對方聽到自己的聲音。但成年人聽到的只能是對方的抗議:「我一點也不聾!」

成年人理所當然地認為,孩子們只對華麗的東西、鮮豔的顏色和刺耳的聲音敏感,於是他們會利用這些來吸引孩子的注意力。但是,我們都注意到,孩子們會被歌曲、鐘聲、風中飄揚的旗幟、燦爛的燈光等吸引。但這些強烈的吸引力是外在、短暫的,更能分散注意力,而不是帶來任何好處。

我們可以用自己的行為方式來對照一下。如果我們正在讀一本有趣的書,突然聽到街上有一支吵鬧的樂隊經過,我們就會起身去窗邊看看發生了什麼事情。如果我們看到有人這樣做事,我們很難斷定這個人是否特別喜歡吵鬧的聲音。然而,兒童這樣做時,我們就會立刻得出孩子喜歡這種吵鬧聲的結論。

強烈的外部刺激吸引了兒童的注意力,這只是偶然,與兒童的內心活動沒有真正的關聯,對於兒童發展產生決定作用的還是兒童的內心狀態。我們可以用「他沉浸在我們毫不關心的微小事物的沉思中」作為兒童內心活動的證據。但是,兒童被一個物體的細節吸引並專注於此時,並不是因為這個東西讓他留下

了深刻的印象，他對它的沉思是一種深刻的分析。

對成年人來說，兒童的內心是一個深不可測的謎，令他們費解。因為成年人判斷的依據是兒童的外在表現，而不是兒童的內心活動。我們應該試著去理解，孩子的行為背後有一個可以解釋的原因。沒有內在的衝動，沒有什麼原因和理由，兒童是不會做出反應的。

我們很容易得出結論，每一個孩子氣的反應都是一時的心血來潮，但一時興起也是有原因的。這是一個有待解決的問題，一個有待解答的謎題。我們可能很難找到答案，但尋找答案的過程可能非常有趣。如果成年人想要找到這些謎題的答案，就得以一種全新的態度去看待孩子，加深對孩子的責任感。成年人必須成為學習者，對孩子多一些尊重，而不是成為無腦的統治者或專橫的武斷者。

說到這裡，我想起一件事。一群媽媽在討論兒童讀物，有一個年輕的媽媽，帶著她 18 個月大的兒子，說：「有些書相當愚蠢，書裡的插圖更是荒誕。我有一本書叫《小黑人薩博》，主角薩博是個黑人小孩。薩博過生日時，父母送了他許多禮物，有鞋子、長襪和一件新衣服等。父母正在為他準備一頓豐盛的晚餐。薩博急於炫耀他的新衣服，趁沒人注意時悄悄離開了家。他在街上遇到許多野生動物，為了安慰牠們，他不得不給每一個動物一樣東西。他把帽子給了長頸鹿，把鞋子給了老虎等。最終，他發現自己身上什麼都沒了，哭著回到家。但故事

第九章 智力

的結局是美好的,在書的最後一頁可以看到,他的父母原諒了他,並為他準備了一頓豐盛的晚餐。」

說完,那女人把書遞給周圍的人看。但孩子突然說:「不,蘿拉。」大家都很驚訝。小傢伙不停地重複,「不,蘿拉」。他到底想說什麼?他母親說:「家裡以前的保母叫蘿拉,已經照顧他好久了。」小男孩哭了起來,一直喊著「蘿拉」,聲音比平時都大,好像陷入了一種混亂的狀態裡。最後,我們把書給他看,他指著最後一張圖片。它不在故事的正文裡,而是在最後的封底上。畫面上,小黑人薩博在傷心地哭泣。看到這幅畫,我們才明白了他的意思,「llora」在西班牙語中的意思是「他在哭」,但是這個小男孩把它說成了「lola」。

以書的內容上來說,孩子的理解是對的。書中最後一張圖片並不是一個快樂的場景,而是薩博在傷心地哭,只是沒人注意過。當他聽到母親說「故事有一個快樂的結局」時,孩子的抗議是完全合乎邏輯的。這就說明了,男孩看書顯然比母親更認真,他看到最後一幅圖是薩博在哭。儘管他沒能完全聽懂成年人的談話,但他的觀察力真是驚人的敏銳。

兒童心理和成年人心理在本質上是不同的,而不僅是程度的差異。兒童會收集事物的細微末節,而且會帶著某種程度的輕蔑來看待我們,因為他沒有意識到我們一直在進行的心理整合。因此,兒童會把我們視為有些無能的人,視為視力不好的人。從兒童的角度來看,成年人不夠精確。我們對於細節的疏

忽，也會讓兒童認為我們沉悶而冷漠。

如果一個兒童能清楚地表達自己，他肯定會告訴我們，他們內心深處對我們並不信任，就像我們不信任他們一樣，因為我們受到各自的思維方式的支配。這就是兒童和成年人無法相互理解的原因。

第九章 智力

第十章　發展障礙

睡眠

　　一旦兒童開始獨立行動，他與成年人之間的矛盾就真正開始了。當然，沒有任何一位成年人能完全阻礙兒童的所見所聞，理性地控制兒童的世界。兒童開始獨立行走、觸摸各種物體時，這種情況就已經開始了。即使成年人真的很愛孩子，但內心卻有一種強大的防禦本能。

　　成長中的兒童和成年人的心理狀態有著極大的差距，如果雙方不做調整，幾乎不可能和諧地生活在一起。而且不難看出，在雙方的調整過程中，兒童總會處於不利地位，因為他們的社會地位處於劣勢。兒童的行為與成年人的環境不一致，尤其是當成年人沒有意識到自身的防禦態度，並深信自己付出的是慷慨的愛和奉獻，兒童因此將不可避免地受到制約。

　　可是，成年人通常都有貪婪的欲望，總是拚盡全力捍衛自己擁有的東西，包括那些沒什麼價值的東西。然而，成年人的貪婪在教育兒童方面卻被很好地掩飾起來了，並被冠之以「適當教育孩子的責任」的名義。但是「為了保護孩子的健康，讓孩子

第十章　發展障礙

睡個好覺」的背後，其實隱藏著成年人對自己的安寧生活被打破的恐懼。

沒有受過教育的女性可能會用叫喊、賞巴掌、辱罵、把孩子趕出家門並丟到街上等方式來對抗孩子。相反，女性如果用充滿愛意的撫摸和熱烈的親吻來對待孩子，則反映出她對孩子溫柔的愛。

社會上層階級固有的形式主義，只接受某些特定的態度，如愛、犧牲、責任心、意志力。更重要的是，這些上層階級的女性相比底層階級的女性更想要早點擺脫孩子的糾纏，她們會讓保母帶孩子散步或哄孩子睡覺。這些女性對雇用的保母有耐心、善良，甚至順從。這說明了大家心照不宣地認為，只要讓麻煩的孩子和父母保持適當的距離，父母就會格外寬容。

兒童剛剛學會行走，開始為自己的活動自由感到高興時，如果他們被一群成年人擋住去路，那麼兒童的處境和摩西（Moses）從埃及帶出來的希伯來人一樣，他們在克服了穿越沙漠的艱難困苦，即將進入綠洲時，卻遭遇了戰爭。他們帶著對抗亞瑪力人的痛苦回憶與恐懼，在沙漠中漫無目的地遊蕩了40年，許多人在那裡精疲力竭而死。

人類保衛自己的財產不受侵略者侵擾，這幾乎是亙古不變的自然法則。這種自衛的本能隱藏在潛意識深處或人類靈魂中，國家之間也會因為這種防禦傾向變得極具暴力性。這種殘酷現象最早、最不易察覺的表現是，成年人為了保護自己的安

寧和財產不受新生代的侵占，而採取的抵抗態度，但儘管他們盡了最大的努力，卻並不能制止「入侵者」。他們拚命地戰鬥，因為他們是在為自己的生存而戰。

父母的愛和孩子的天真之間的鬥爭是在無意識中進行的。成年人很容易說：「孩子不應該四處亂跑，不應該碰不屬於他的東西，不應該大聲說話或喊叫。孩子應該好好躺下，應該好好吃飯睡覺，應該走出家門。」成年人說話的語氣就好像他們不是這些孩子的家人，並不特別愛孩子。父母完全出於惰性，為自己選擇了最簡單的方式，讓孩子們多睡覺、多休息。

父母不都會毫不猶豫地說出類似要孩子多睡覺這樣的話嗎？但是，如果這個孩子很清醒，正機靈地觀察周圍，那麼他本質上就是一個「不愛睡覺的孩子」。孩子當然應該有適當的睡眠，但有必要區分什麼是適當的，什麼是人為誘導的。強硬的人會透過建議把自己的意志強加給軟弱的人，成年人會強迫孩子多睡一下，透過暗示的力量讓人不易察覺地把自己的意志強加在孩子身上。

成年人，不管是不同教育程度的父母，或是負責照顧嬰兒的保母，都會訓斥那些喧鬧、活躍的孩子，要他們多睡覺。在條件較好的家庭裡，嬰兒甚至2至4歲的兒童，都會睡眠過量。而在窮人家裡，情況並非如此，這些窮人家的孩子整天在街上跑來跑去，不睡覺，因為他們不是母親疲倦的根源。一般來說，貧困家庭的孩子比富裕家庭的孩子更放鬆一些，其中一個

原因可能是後者被成年人要求睡得更多。

我記得有一個7歲的孩子對我說,他從來沒見過星星,因為父母總是在天黑前就哄他睡覺。他告訴我:「我希望有一天晚上可以去山頂,舒展身體,躺在地上看星星。」

許多父母得意地說,他們的孩子習慣於早睡,這樣他們晚上就可以自由地外出。其實躺的時間過長,可能會讓孩子身體疼痛,這樣他就更不願意睡覺了。兒童床就像是一個高高的籠子,讓父母或保母在照顧孩子時不必彎腰,也不必擔心孩子會摔倒受傷。而且,兒童的房間大多都很暗,他們也不會被清晨的陽光喚醒。

父母對孩子的心理發展最大的幫助之一,就是給他一張適合的床,而且不要讓他睡得太久。孩子累了,就讓他去睡覺,休息夠了,就讓他起床。

我們向許多家庭提議將傳統的兒童床換成一張矮床,讓兒童可以躺下來休息,也可以自願地起身活動。矮床經濟實惠,小小的改變就能對兒童的健康發展產生很好的幫助。兒童物品需要簡單一些,因為複雜的東西往往會阻礙而不是促進兒童的發展。

許多家庭會在地板上鋪一個小床墊,蓋一條大毯子,藉此來改變孩子的睡眠習慣。一到晚上,孩子就可以自覺、愉快地上床睡覺,早晨起來也不會打擾任何人。這些例子表明,成年人錯誤地把自己的意志強加給孩子,在照顧孩子時徒勞無功。

事實上，他們這樣做是因為防禦本能占據了上風，卻違背了孩子的真實需求。

上述一切都說明，成年人應該努力理解孩子的所需，為他們提供一個適宜的環境，來滿足他們的成長需求。只有這樣，我們的每一項新的教育行為才能帶來真正的幫助。如果孩子只被視為一個被抱來抱去的物體，那麼等他長大一些的時候，也只不過是服從大人命令的傀儡而已。

成年人必須確信，他們在兒童的成長中扮演著輔助作用。他們必須努力了解兒童，以便能適當地幫助他們。這應該是每一位母親的目標和願望，也應該是所有參與兒童教育的人的目標和願望。

兒童天生比成年人弱勢，因此，成年人如果想要讓兒童發展自己的個性，就必須控制自己，聽從兒童的引導。成年人應該把理解和追隨兒童的發展視為自身的責任。

第十章　發展障礙

第十一章　行走

　　成年人應該遵循的行為準則是放棄自己的優勢,以便適應成長中的孩子的需求。高等動物適應幼體的需求,是一種本能行為。

　　母象把小象帶入象群時,牠會放慢腳步,配合小象的步伐。小象累了,停下來時,母象也會停下來。在不同的文化中,都有類似的照顧後代的現象。

　　有一次,我看到一位日本父親帶著小兒子散步。我注意到,這個大約一歲半或兩歲的孩子突然停下腳步,用手臂抱住父親的大腿。父親一動不動地站著,讓男孩繞著他的腿轉,等男孩玩夠了,兩個人又開始慢慢地往前走。過了一會,孩子坐在路邊,父親就站在他旁邊,表情平靜而自然。他沒有做什麼特別的事,只是帶著兒子散步,但這是一種最適合兒童的行走方式。那個孩子正在學習如何協調許多不同的動作,以便保持平衡,依靠兩條腿穩步行走。

　　雖然人和其他動物一樣有四肢,但必須用兩條腿而不是四條腿走路。猴子手臂很長,在平地上行走時,手臂有著輔助作用,而人類是唯一一種完全依靠雙腿平衡行走的動物。四足

第十一章　行走

動物行走時,牠們交替地抬起一隻前腳和對角線位置的後腳,保持另兩隻腳同時著地。人類走路時,先是邁出一條腿支撐自己,然後邁出另一條腿,雙腿交替支撐自己。大自然以不同的方式解決了行走的難題。動物透過本能學會走路,而人類透過後天的、自發的努力學會走路。

兒童的行走能力不是被動等待來的,而是透過練習發展來的。兒童1到2歲時,會邁出人生的第一步。父母對此欣喜不已,對兒童來說,學會行走是獲得新生,是從一個無助的人變成一個活躍的人。

成功邁出第一步是兒童正常成長的重要里程碑之一,但在這之後,他仍然需要透過不斷的練習和努力,以獲得平衡和穩定的步伐。兒童在練習走路時被不可抗拒的衝動所驅使,勇往直前,甚至有些魯莽,像一名真正的士兵一樣,百折不撓地向著勝利前進。兒童迫切地追求這一目標,成年人則在他周圍設置了全面的保護措施,其實這是阻礙了他的行動。

成年人總是試圖讓兒童安靜地待在安全圍欄裡,或被固定在一個嬰兒車裡。即使兒童的雙腿已經足夠強壯,他也必須在學步車裡繼續練習。兒童即使已經學會了走路,被帶出去時也會被放在嬰兒車裡。因為兒童腿短步伐小,且不能長時間行走,成年人又拒絕調整自己的步伐來配合兒童,那麼只能是兒童向成年人和嬰兒車妥協。

保母帶孩子出去時,也是孩子適應保母。保母按照自己的

步伐速度直接前往預定的目的地，比如公園，推著嬰兒車裡的孩子，就像推著裝滿蔬菜的購物車一樣。只有到了公園，她才會把孩子從車裡抱出來，讓孩子在自己的密切關注下在草地上走走。保母所有這些做法都是為了保護孩子，避免出現任何可能的意外。但是，保母關心的是孩子的身體成長，而不是他內在的心理發展。

一歲半到兩歲的孩子可以走幾英里[04]，也可以爬上斜坡和樓梯等有難度的地方，但他走路的目的和我們完全不同。成年人行走是為了到達目的地，因此，他直奔目標；相反的，兒童行走是為了完善自己的身體功能。因此，兒童的目標是建立自身的能力。他們步伐緩慢、節奏雜亂，不能總是走向最終的目的地，很容易被眼前的事物吸引。如果成年人要幫助這樣的孩子，就必須放棄自己的步伐和目的地。

有一年夏天，我在那不勒斯遇到一對夫婦帶著一名一歲半的孩子。年輕的父母想到海邊玩，就不得不步行通過一條馬車無法行走的陡峭山路，那大約有一英里的距離。他們想帶孩子一起，但又覺得抱孩子太累了。孩子就自己走一段，跑一段，不時地停在花朵旁邊、坐在草地上或站著觀察小動物。有一次，他一動不動地站了將近 15 分鐘，觀察一頭在草地裡吃草的驢。就這樣，孩子每天都會在這條漫長而崎嶇的小路上慢慢地向前走，也不會感到疲倦。

---

[04]　英里，英制長度單位，1 英里約等於 1,609.3 公尺。

第十一章　行走

　　在西班牙，我見到兩個兩、三歲的孩子走完了一英里半的路，還有許多孩子花了一個多小時的時間，在狹窄陡峭的臺階上爬上爬下。

　　有些母親會認為孩子這樣的行為很奇怪。有一次，一位母親問我，她家小女孩才學會走路沒幾天，就開始發脾氣。每次看到樓梯，她就會尖叫。要是有人抱她上下樓梯，她幾乎會發瘋。母親可能誤解了孩子的反應，她找不到孩子被抱著上下樓時的痛哭、激動和不安反應的合理解釋，便以為那源自孩子討厭上下樓梯。其實，孩子在上下樓梯時的反應並不如母親所想的那樣，她只是想自己上下樓梯。同時，她被樓梯上的臺階吸引，因為她想在上面休息或坐一會。草地是那時的她唯一可以漫步的地方，但是她對草地並不感興趣，因為那會讓她的雙腳被埋在高高的草叢裡，手也不知道該放在哪裡。

　　孩子們天然喜歡走來走去、爬上爬下，所以滑梯上總是擠滿了孩子。窮人家的孩子在街上飛奔，避開車流，甚至爬上汽車和卡車，這種輕鬆自在的生活方式即使危險，卻揭露了一種潛在的發展可能性，與上層階級孩子的慵懶和膽小相差甚遠。但是，這兩種孩子在成長過程中，都沒有得到真正的幫助。窮人家的孩子被放任在危險的成年人環境中，上流社會的孩子總是被太多的要求束縛，雖然這些要求是為了把他們從環境固有的危險中拯救出來。

　　兒童在長大成人從而延續人類傳統的道路上「無所適從」。

第十二章　手部動作

有趣的是，生理學家認為兒童正常發育的三個重要步驟中，兩個都與動作有關，即學習行走和說話。這兩種運動功能就像是一種占星術，可以預測孩子未來發展的可能性。事實上，後續複雜的人類活動表明，學會行走和說話只是兒童取得的第一次勝利。行走是人類與其他所有動物共有的特徵，而語言是人類獨有的特徵，是人類思想的一種表達。

動物和植物的不同之處在於「動物可以在空間裡到處移動」。運動本能透過四肢等特殊器官完成時，行走就成了生命體的一項基本特徵。儘管人類在空間中移動的能力如此強大，以至於行走的範圍囊括了整個地球，但行走本身並不是智力的外在展現。

相反的，與人的智力關聯最密切的兩個身體器官是──用來說話的舌頭，以及用來工作的雙手。

史前時代，人類打磨石頭作為工具，成為推斷人類存在的重要依據。人類使用工具的能力象徵著地球生物進入一個新的階段。人類用雙手將文字刻在岩石上，於是就有了人類歷史的紀錄。自由地使用雙手，是人類的重要特徵之一。雙手成為智力的

第十二章　手部動作

工具,而不是運動的工具。人類利用四肢來為智力服務,不僅表明了人類在萬物中處於更高的地位,也展現了人性基本的統一。

人類的雙手,如此精緻和複雜,不僅讓心理外化,也讓人類與環境建立特殊的關係。我們甚至可以說「人類用手征服了環境」,雙手在智慧的指引下,改變了環境,從而能夠使人完成在這個世界上的使命。

這似乎是合乎邏輯的,如果我們想確認兒童的智力發展程度,就應該從他第一次出現「智力動作」時,分析他的智力發展狀況,也就是說,我們應該研究他的語言和雙手的使用。

人類本能地理解到,智力的兩種外在表現形式,即說話和手部動作的重要性,並隱約意識到這是人類特有的能力。但是,他們這樣做只是為了把雙手和某些具有社會喻義的符號連繫在一起。例如,男人和女人結婚時,會手牽手「海誓山盟」;男人向女人求婚時,會伸出手指「許下諾言」,或者「做出保證」;人們宣誓時,都要舉起一隻手。在這些儀式中,雙手具有象徵性,是一種強烈的自我表達。

以上例子都說明,人們在潛意識中把雙手當作內在自我的一種外在表現。如果是這樣,還有什麼活動能比兒童學會這種實質上的「人類活動」更奇妙和神聖呢?

因此,我們懷著熱切的心情,期待兒童的小手伸向外界物體的第一個動作。隨著智力發展,孩子的小手第一次伸出去的那一刻,代表著孩子第一次努力融入世界。成年人應該對兒童

的這一動作充滿欽佩。但是相反的，成年人害怕那些伸出的小手去做沒價值和不重要的事情，並努力讓孩子遠離那些事情。成年人對孩子說得最多的一句話是：「不要碰！」就像他會不停地說：「別動！保持安靜！」成年人在這種潛伏在潛意識中的焦慮裡建立起一種防禦，並呼籲他人的幫助，就好像是為了保護自己的安全和財產而進行祕密的反抗和攻擊。

兒童的心智要獲得發展，就必須在周圍的環境中找到能聽到和看到的東西。因為他必須透過動作，透過雙手的動作來發展自我，所以他需要一些能為他的活動提供動力的東西。但是，這種需求卻常在家庭內被成年人給忽視了。

兒童周圍的東西都屬於成年人，為成年人設計，禁止兒童使用。兒童成長過程中的一個重要經歷就是，大人告訴他不要碰任何東西。如果兒童成功地拿到了某樣東西，就會像飢餓的小狗找到了骨頭一樣，跑到一個角落裡悄悄地啃，不僅沒什麼營養，還要擔心害怕。

兒童的動作不是偶然發生的，而是在自我意識的引導下，對有組織的活動進行的必要的協調。兒童在無數次的參與過程中，語言表達器官和發展中的心理狀態在不斷地進行自我協調、建構和統一。因此，兒童必須有決定自身行為的自由。

兒童在塑造自己的過程中，所有的動作不是偶然或隨機的衝動的結果，這些動作往往都具有特殊意義。兒童不會無緣無故地跑、跳、亂拿東西，在家裡造成混亂。他的行為會受到他

第十二章　手部動作

人的啟發，是對成年人如何使用或處理某物的方式的模仿。

兒童試圖表現得跟大人一樣，用同樣的工具做同樣的事情，因此，他們的活動將與家庭和社會環境產生直接的關聯，如掃地、洗碗、洗衣、倒水、洗澡、梳頭、穿衣等。孩子的這種自然行為被稱為「模仿」，但是這個詞語的表達並不精確，因為這與猴子學習人類行為的情況並不相同。孩子的建設性行為有一個心理依據，具有智力活動的性質。兒童是先有知識再有行動，因此，他想做某事時，就得先知道這件事是怎麼樣的，他看到別人做了什麼，自己就也想去做，學會說話的過程就是這樣。兒童學會了在周圍環境中聽到的語言，帶著對以往聽到的語言的記憶，於是他們會根據當前的特殊需求對此加以使用。

兒童應用語言的方式與鸚鵡不同，他們的模仿從來不是機械性的，他們不只是模仿聲音，而是會利用已經獲得和儲存的知識，把模仿來的東西在自己的頭腦中加工，創造為自己的知識。成年人想要更加深入地了解兒童的活動與成年人的活動之間的關係，就有必要認清這一點。

基本動作

兒童能夠像他觀察到的成年人那樣，為某一目標採取行動，行動的目的性讓兒童在做事之前就已經具備了一套清晰的

邏輯。成年人有時候也會對兒童的做事方式感到費解,這種情況經常發生在一歲半到三歲的孩子身上。

舉一個我曾經看到的例子,一個18個月大的孩子看到一疊熨燙好的毛巾整齊地疊放在一起。小傢伙用一隻手托起一塊毛巾,另一隻手按在上面以避免毛巾散開,就這樣小心翼翼地走到房間斜對面的角落裡,然後把毛巾放在地板上,說著「一塊」。放好後,孩子折返回來,用同樣的方法拿起第二塊毛巾,按同樣的路線放在地板上原有的那塊毛巾上面,再次說「一塊」。他重複著這個動作,直到把所有的毛巾都運到另一個角落。可以確定的是,他受到了某種特殊情感的引導。

然後,他反轉這個過程,再把它們一一放回原來的位置。儘管那堆毛巾已經不像之前那樣整整齊齊地疊放著,但每一塊毛巾仍然像原來一樣疊得很好,並沒有被弄亂。對孩子來說,最幸運的是,在這個漫長的搬運行動中,家裡沒有其他人在場。要不然,大人會在他背後喊「住手!住手!別碰它!」並打他嬌嫩的小手,教導他不要碰任何東西!

令孩子們著迷的另一個「基本動作」是來回塞瓶塞,尤其是那些毛玻璃做的,能折射出彩虹顏色的瓶塞,這似乎是他們最喜歡的任務之一。孩子們最喜歡的任務還有轉墨水瓶或其他瓶子的蓋子,甚至是不斷開啟或關上櫃門。

孩子和成年人之間經常會因此產生各種衝突,這種衝突是可以理解的,因為這些物品對兒童有天然的吸引力,但由於它

第十二章　手部動作

們是母親或父親的辦公用品,或是客廳家具的一部分,所以成年人禁止他們觸碰。這樣一來,雙方就有了衝突,就會惹得小孩發脾氣。但兒童不是真的想要擁有一個瓶子,他滿足的是擁有一個自己的瓶子,能讓他重複相同的動作。

這樣的「基本動作」,沒有外在目的,可以視為兒童第一次無用的努力。針對這種情況,我們專門為兒童設計了一些素材,例如不同大小的圓柱體,可以嵌入木板上不同的孔中。它是為滿足兒童生命中這個特殊時期的需求而設計的,使用效果很好。

兒童具有獨立完成任務的願望,是很容易理解的一件事,但成年人的頭腦中根深蒂固的偏見讓這一願望難以實現。成年人即使想滿足兒童的願望,想讓他自由地觸碰和移動物體,也會發現自己無法抗拒內心莫名地想要支配孩子的衝動。

在紐約,一位母親深知這些想法的原委,並急於在自己兩個半歲的兒子身上付諸實踐。有一天,她看見孩子把裝滿水的水壺帶進客廳,水壺很重,孩子正努力慢慢地穿越房間。他一邊走一邊自言自語:「小心!要小心!」看到孩子這麼緊張,這罐水又這麼重,母親覺得有必要幫他。於是,母親拿起水壺,把它放到孩子想要去的地方。但是,孩子卻傷心又委屈。母親意識到她的行為替孩子帶來了痛苦,但她還是不由得為自己的行為辯解。

一方面,她理解孩子在這種條件下有必要自己動手,自己

不應阻礙孩子。但另一方面,她又覺得讓孩子在一件她瞬間就能完成的事情上浪費那麼多的時間和精力沒有意義。

這位母親在徵求我的建議時說「我知道我做錯了」。我思考了這個特殊問題的深層原因,即「母親對孩子的吝嗇」是源於保護自己財產的願望。

我問她:「家裡有什麼上好的瓷器嗎?比如杯子?你可以試著讓孩子用一下這些東西,看看會發生什麼?」她聽從了我的建議後告訴我,孩子會小心翼翼地端著杯子,每走一步都會停一下,最終把杯子安全地送到目的地。在這個過程中,孩子的母親在兩種情緒中掙扎,一種是對兒子認真做事而高興,另一種是對杯子的擔心。可是,這位母親還是堅持沒有干擾孩子的行動,讓孩子完成了他急於完成的任務,這對他的心理發展來說非常重要。

還有一次,我把一塊抹布放在一個 14 個月大的小女孩手裡,讓她去擦東西。她擦亮了許多亮晶晶的小物件,也對這樣的任務樂在其中。可是她的母親並不贊成給孩子抹布之類的東西,因為孩子還太小,這樣的東西看起來似乎與這麼小的孩子不相干。

成年人不了解孩子出於本能的行為,當他第一次顯現出這種本能時,成年人會覺得特別驚奇。成年人知道,此時他必須做出重大犧牲,必須捨棄自己的某種性格和對環境的嚴苛要求。但這與他平常的社會生活格格不入。成年人的環境中,孩

第十二章　手部動作

子當然是一個額外的社會存在。但像今天這樣，成年人把孩子完全排除在環境之外，其實是在阻礙他的成長，就像不允許他學習說話一樣。

解決這一衝突的辦法是為兒童準備一個適當的環境，讓他們在這個環境中能展示出更多的天性。當兒童說出第一個字時，沒有必要為他準備什麼特別的東西，因為牙牙學語的聲音就是他快樂的泉源。但是，當兒童笨拙地用手完成某一動作時，就必須有工具配合，這是一種「動作的激勵」。我們會發現，兒童在完成一件在我們看來極其簡單的事情時，會願意付出超乎我們想像的精力。

我有一張照片，上面是一個英國小女孩，拿著一塊非常大的麵包，大到兩隻手臂都抱不住。她不得不把麵包緊緊地抱在胸前，挺著肚子，根本看不到腳下的路。照片中還有一隻小狗陪伴在她身旁，緊張地盯著她，似乎想要去幫她。背景是幾個大人在看著這個小女孩，但他們必須克制自己，不要上前去幫她。

有時候，兒童在一個適當的環境中學到的技能，真的會讓我們刮目相看。

第十三章　節奏

　　如果說成年人意識不到兒童需要對雙手進行訓練，意識不到這是兒童本能的首次表現，那麼他可能會成為兒童發展的障礙。這並不總是由成年人的防禦態度造成的，也可能有其他原因。其中一個原因是，成年人看到了自己行為的外在目標，並根據自己的思維決定了適合使用的手段。

　　成年人秉持「最少努力法則」，採用最直接的方法，在最短的時間內達成目標。當他看到孩子努力去做一些看似徒勞的事情，而這些事情他瞬間就能完美完成時，他就會感到痛苦，並試圖幫助這個孩子。

　　兒童注意到桌布後，就會記住怎麼鋪桌布，然後漸漸地、滿懷熱情地嘗試鋪好桌布。對於一個正處於成長階段的兒童來說，這是他們成功完成的一項任務，但是，他只有在成年人遠離他，不妨礙他的努力時，才能實現這種成功。

　　如果孩子想要梳頭髮，成年人不會因孩子這一可貴的小願望而高興，而是會覺得自己的認知受到了衝擊。他知道，孩子不會快速地梳好頭髮，不會成功地達成目標。而他，一個成年人，能更快、更好地為孩子完成這件事。

第十三章　節奏

在兒童眼裡，自己正在做一件令人愉快而富有建設性的事情，而這時，一個成年人，一個龐大而強大的成年人走過來拿起梳子幫他，不留給他任何拒絕的餘地。兒童試圖自行穿衣服或綁鞋帶時，同樣的事情也會發生，他的每一次自我嘗試都被成人打斷。

成年人對兒童的行為感到惱火，一是因為他覺得孩子的嘗試是徒勞的，二是對孩子的行為節奏和方式與自己不同而感到惱火。

一個人的行為節奏是不能被隨意改變的，這是一個人的內在特徵，就像他的形體特徵一樣。當他人的行為節奏和我們自身相似時，我們就樂於與其往來。可是當我們被迫適應他人的節奏時，我們就會覺得很不舒服。例如，我們必須和身體有殘疾的人一起散步時，就會感到彆扭；我們看到中風患者用顫抖的手緩慢地把玻璃杯送到嘴邊時，我們會因他顫抖的動作和自己的自由行動之間的強烈反差而感到難受。

如果我們要幫助這些人，就會用自己的節奏取代他的節奏，努力把自己從內心的衝突中解放出來。成年人對兒童的行為就類似這樣。不知不覺中，成年人就會介入兒童自然緩慢的動作節奏，努力消除兒童的行為節奏為自己帶來的煩惱，就像想要趕走一隻蒼蠅一樣。

與此相反，當兒童的動作節奏很快，甚至帶來嘈雜和混亂時，成年人是願意忍受的。這時候，成年人會「用耐心武裝自

己」，因為他觀察到的兒童的行為邏輯是相當清楚和可以理解的。但是，當兒童的動作節奏過慢時，成年人會忍不住出手，代替兒童採取行動。但是，這樣做時，成年人不是在幫助兒童滿足兒童的心理需求，而是在代替兒童完成原本需要他們獨立完成的任務。

成年人干涉兒童的行動自由，從而使自己成為兒童自然發展的最大障礙。「任性」的孩子絕望地哭喊，不讓成年人幫助自己穿衣或梳頭，我們可以從中看出兒童在努力成長過程中經歷的戲劇性的掙扎。誰能想到，成年人對兒童的不必要的幫助會對他以後的生活帶來如此嚴重的後果？

日本有一種習俗，人們在祭拜早逝的孩子時，會在其墳墓上擺一些小石頭之類的東西。逝去的孩子的靈魂會用這些石頭重建他的玩具城堡，但這些城堡將不斷被惡魔擊倒。兒童在死後也會受到痛苦的折磨，這一觀念令人驚訝，但也說明，我們已經把潛意識投射到來生。

第十三章 節奏

第十四章 人格的替代

　　成年人可以用自己的行為代替兒童的行為,也可以巧妙地將自己的意志強加於兒童,用自己的意志來代替兒童的意志。這時,行為的主體不再是兒童,而是透過兒童發揮作用的成年人。

　　沙爾柯在他著名的精神病學研究中指出,催眠可以讓歇斯底里的患者的人格發生變化,這一理論引起了巨大的轟動。他的實驗結果似乎推翻了之前被認定的人性最基本的理念之一,即人是自己行為的主人。

　　沙爾柯透過實驗證明,催眠可以給予來訪者強烈的心理暗示,甚至使其喪失自身的人格。這些實驗雖然僅限於臨床研究,不能大量推廣開展,卻為新的研究開闢了道路,拓展到分裂人格、潛意識和昇華的精神狀態的研究領域中。

　　人們在兒童時期開始意識到自我,但在這之前,我們從未有過類似的感受,因此特別容易受到暗示的影響。在這段時間裡,成年人會把自己投射到兒童身上,試圖用自己的意志和行動激發兒童的活力。

　　我們注意到在學校裡,如果教師在為兒童進行示範時過分

第十四章　人格的替代

熱情或者動作過於誇張，兒童自我思考和判斷的能力就會受到抑制。可以說，兒童的自我原本可以讓他獨立完成一件事，現在卻被另一種自我取代了，甚至可以說是被成年人更強大的自我占據了。這種外來的自我足以剝奪孩子稚嫩的行為方式。成年人通常不願意直接這樣做，但他們可以透過催眠等暗示的方式來支配孩子，而且他們或許並不希望，甚至並不知道自己對兒童發展所帶來的影響。

我遇到幾個非常有意思的例子。我曾經看到一個兩歲左右的孩子把一雙髒鞋子放在一張白色的床單上，衝動之下，我不假思索地把鞋子丟到角落裡，說：「這雙鞋太髒了！」然後，我用手拍了拍床單上剛才放鞋的地方。之後，這個小傢伙每次看到鞋子，都會跑過去說：「鞋子太髒了。」然後他會走到床邊，用手摸摸床單，好像要把它擦乾淨似的，儘管鞋子並沒有碰過床單。

還有另一個例子是，有一天，一位年輕的女人收到了一個包裹，她高興地開啟盒子，發現裡面有一塊絲質手帕。她把手帕送給小女兒，同時給她的還有一把小號。女人吹響了小號，小女孩高興地喊道：「音樂。」一段時間以後，小女孩每次看見布料就會眉開眼笑地說：「音樂。」

成年人可以對兒童進行限制，只要沒有引起兒童的強烈反應即可，否則很容易對兒童的活動產生抑制作用。這種抑制性的影響力經常來自受過教育、有自制力的成年人，尤其是優雅

的保母。

有一個例子很有趣，4歲左右的小女孩和祖母兩個人住在鄉下的莊園裡。小女孩想打開花園裡噴泉的水龍頭，看看水是怎麼流出來的，但是她卻突然收回了手。祖母鼓勵她打開水龍頭，女孩卻說：「不，保母不喜歡我這樣做。」祖母試圖告訴她，這樣做是可以的。女孩一想到水流出來的樣子，就心滿意足地笑了出來，她又伸出手，但轉開水龍頭之前又把手縮了回來。雖然保母沒在身邊，但是保母的禁令比在身邊的祖母的鼓勵更有影響力。

類似的事情發生在一個大約7歲的男孩子身上。他原本安靜地坐著，好像被遠處的什麼東西吸引了，便站起來朝那走去。但是，他很快又折返回來坐下，他意志動搖，內心矛盾。誰是操縱他停下腳步的「主人」？沒有人知道，因為連孩子自己也不記得了。

熱愛環境

兒童對暗示很敏感，也可以理解為兒童誇大了內在敏感性的作用，這種敏感性對其成長有利，被稱為「對環境的熱愛」。

兒童是一個熱切的觀察者，特別會被成年人的行為吸引，並想模仿他們。在這方面，成年人要具有一種使命感，對兒

第十四章　人格的替代

童的行為給予鼓舞，成為兒童行動的指導。但是，成年人如果要提供適當的指導，就必須始終保證行動節奏的冷靜和舒緩，這樣兒童才能清楚地看到成年人行動過程中的所有細節。如果成年人沒有這樣做，而是服從於自己的天性，那麼，他就不會激勵和教育兒童，而是會將自己的快節奏或標準施加在兒童身上，透過暗示取代兒童自身的節奏。

如果客觀事物對兒童有吸引力，也會對兒童產生強大的暗示性影響，像磁鐵一樣吸引兒童開展各種活動。萊文教授錄製了一段有趣的心理實驗，有助於說明這一點。

萊文教授實驗的目的就是觀察有缺陷的兒童和正常的兒童對相同物品的不同反應。兩組兒童的年齡差不多，基礎條件相似。

在短片中，桌子上擺滿了各式各樣的東西，包括我們為孩子們設計的一些素材。第一組兒童走進房間，被擺在他們面前的各種物體吸引並表現出感興趣的樣子。他們活潑主動，面對不同的事物時明顯表現出快樂的樣子。每個兒童都會逐一擺弄這些物體，然後把它們丟在一邊。短片的後半部分，第二組兒童進入房間，他們緩慢地前進，不時地停下來，環顧四周，看上去好像不怎麼認識這些東西，他們聚集在這些東西周圍一動不動。

短片結束了，**實驗者**提問：哪一組是有缺陷的兒童？哪一組是正常的兒童呢？答案是：那些快樂活潑的孩子是有缺陷的

兒童。但對於觀看影片的人來說，他們四處走動，擺弄所有的物品，給人比較聰明的印象，因為成年人習慣性地認為開朗活潑的孩子更聰明。但事實上，正常的兒童會以一種平靜的方式參與活動。在短片中，我們可以看到第二組兒童站著不動，專注於某一個物體。他們以一種驚人的方式證明，動作沉穩和深思熟慮才是正常兒童的正常表現。

萊文教授的實驗與人們普遍認定的觀念背道而馳，因為在普通的環境裡，聰明的孩子會表現得跟短片中有缺陷的兒童一樣。在我們的學校裡，正常兒童的行動過程會伴隨著思考，由自我控制和理性引導。這樣的兒童會受到他所見事物的刺激，但是他掌握了對這些事物的印象後，就可以充分利用它們。

對兒童來說，重要的是自我控制，而不是無休止地活動；重要的是掌控自己的運動器官，而不是簡單地隨意活動。理性地引導，而不是簡單地對感官刺激做出反應的能力，會幫助兒童集中注意力。這種將思想和活動固定在單一物體上的現象，源自兒童的內心。

對個人來說，以深思熟慮的方式去指導行動實際上是正常的，是內在紀律的象徵，其外在表現就是有序的行為。當個人缺乏這種內在紀律時，外在行為可能會失去個人的控制，被他人的意志引導，或者成為外部影響的犧牲品，就像一艘隨波逐流的船一樣。

兒童在他人意志的支配下很難產生規律的行為，因為這樣

第十四章 人格的替代

的外部影響並不能創造出兒童必需的行為慣性。這種情況發生時，我們可以說這個人的人格已經分裂了。當這種情況發生在孩子身上時，他就已經失去了按照其意願自然發展的機會。

這樣的兒童就像是一個人乘著熱氣球降落在沙漠裡，而熱氣球突然被風捲走，只剩下自己一人。他失去了熱氣球，也找不到任何替代品。這個場景描繪了個人在兒童時代不得不與成年人對抗時的可能情形，他的思想是隱祕和稚嫩的，他的表達方式是混亂的，他可能會成為某些因素下的犧牲品。

第十五章　運動

我們應強調身體活動或運動在心理發展中的重要性。人們把運動列入身體的各種功能中，認為運動僅僅是一種幫助身體呼吸、消化和血液循環的常規功能，沒有將其與自主神經系統的功能（如吸收、呼吸）充分切割開來，這樣就犯了一個嚴重的錯誤。

運動雖是人類和動物共有的能力，但也會對植物的生命產生影響。我們幾乎可以說，運動先於所有的身體活動存在，又伴隨著所有的身體活動。然而，僅僅從生理角度來考量運動是錯誤的，我們可以在很多方面看到運動的好處。

運動不僅有利於身體健康，而且能夠激發人的勇氣和自信。運動也可以在精神上影響一個人的理想，喚起其巨大的熱情。運動對精神的效果比對生理的效果明顯得多。

兒童的成長要靠個人努力和進行活動兩方面來完成。因此，成長同時取決於心理因素和生理因素。最重要的是，兒童能夠回憶起他所接受的印象，並且能夠清晰明確地保持這些印象，而自我正是透過接受這些感官印象的力量來發展智力。兒童透過這種隱祕的心理活動，發展理性。

第十五章　運動

追根究柢，理性是人類與其他動物的區別，只有人類能夠做出理性的判斷，然後透過意志，決定行動方向。

成年人對兒童的發展採取等待的態度，認為發展不過是時間問題。他們不僅不嘗試幫助兒童，還試圖用自己的思考方式阻礙兒童的理性發展，尤其是當兒童的活動干擾到他們時。但是，正如我們所看到的，運動對兒童來說是非常重要的，是創造能量的功能展現，可以使人類達到完美。

人們透過活動與外部環境產生關聯，從而完成自己在世界上的使命。活動不僅會使個體產生對自我的認知，而且是個體意識發展中不可或缺的因素，因為活動是唯一使自我與外部現實保持明確關係的真正手段。因此，身體活動或運動是智力成長的重要因素，而智力的成長取決於個體對外界的認知。

我們透過活動接觸外部現實，透過這些接觸獲得抽象的思想。活動將精神與現實世界連繫在一起，但精神對於活動有雙重作用，即獲得概念和外化內心。

活動的形式可能是極其複雜的。人體的肌肉眾多，活動中不可能全部使用到。甚至可以說，人體總是有一些器官和組織是閒置的，比如芭蕾舞演員、外科醫生或機械工程師用到的肌肉是完全不同的，反之亦然。個人對肌肉的利用對他的性格發展也有影響。

每個人都應該進行充分的鍛鍊，使肌肉保持健康的狀態。特定條件下的訓練有可能發展出特定的肌肉來進行專門的活

動。但是，如果肌肉沒有得到充分的運用，個人的生命能量就會慢慢消耗殆盡。如果正常運作的肌肉處於休眠狀態，不僅會影響生理發展，還會影響心理發展。這就是為什麼運動能影響一個人的精神狀態。

　　了解身體活動與精神之間的直接關聯，可以使我們更充分地意識到身體活動的重要性。生物的各種功能，雖然與神經系統相連，但都是有自己的運作規則的。

　　每一個器官都有它自己的獨特功能，以穩定的方式持續工作。不同的細胞和組織也要執行相應的任務，就像專家一樣，熟練地執行特定的工作，但卻對一些超出工作範圍的事束手無策。

　　這些細胞、組織和肌肉之間的本質區別在於，儘管組成肌肉的細胞有自己特定的任務，但它們不能自主行動，而是需要接收命令，就像是等待上級軍官命令的士兵一樣，沒有相應的命令，他們就只能按兵不動。還有一些細胞不需要外界的指令，就能執行分泌乳汁、唾液或者吸氧、抗菌的功能，它們通力合作、持續運轉，維護著人體的整體健康，就像是人們在社會上做著有意義的工作一樣，維護社會的正常運轉。每個細胞執行特定任務對整個有機體的功能運轉至關重要。

　　個體的肌肉活動與這些非自主細胞和組織的固定活動有所不同，肌肉活動是自由的。透過長時間的訓練，各個肌肉群高度配合，能夠對意志的每一個指令做出快速的反應。

第十五章　運動

　　在執行意志的命令時，人體有時不得不執行極其複雜的反應行為。既然意志是透過運動來實現的，我們就應該幫助兒童把意志付諸行動。

　　自由地控制和使用運動器官，是兒童的天性。如果他做不到這一點，就不能讓智慧成果具體化。因此，意志不僅是執行的工具，也是心理發展的工具。

　　在我們的學校裡，最有趣、最出乎意料的發現之一是，孩子們渴望獨立，他們努力透過自己的行動進行任務。真正自由的孩子，不僅會從周圍環境中收集合理的印象，而且會在行動中表現出真正的熱愛。兒童的精神似乎總是在現實與自我實現之間穿梭。

　　兒童是發現者，儘管我們不能確定他的發展方式，但毫無疑問的，兒童在尋找適合自己的方式，不斷追求卓越。

第十六章　缺乏理解

　　成年人不了解身體活動對兒童的重要性，所以會限制兒童的活動。甚至就連科學家和教育工作者也沒有注意到活動在人類發展中的重要性。然而，「動物（animal）」這個詞本身就意味著「動作（animation）」或者簡單地說是「活動」，如果植物和動物的區別在於前者扎根於土地，而後者可以四處活動，那麼我們為什麼要限制孩子的活動呢？

　　成年人會不假思索地說「孩子是一棵樹或一朵花」或者說「孩子是天使」，意思是「他們應該安安靜靜的」。換句話說，孩子可以是一種活動的存在，但必須是在成人生活的範圍之外。這些都揭示了人類心理的盲目性，這種盲目性比精神分析學家意識到的存在於人類潛意識中的盲目性更為嚴重。這種盲目性根深蒂固，可以用這樣一個事實來理解，即科學雖然探測了人類的潛意識深淵，但卻還不能徹底揭示其祕密。

　　所有人都認同感官對智力發展的重要性。顯然，聾啞人或盲人在智力成熟的過程中會遇到非常多的困難，因為聽覺和視覺是心靈的大門。聾啞或者失明不會對身體其他部位的健康帶來任何的影響，但是如果故意剝奪了兒童的視覺或聽覺，卻還

第十六章　缺乏理解

認為他可以達到較高的文化和道德水準，我們會覺得這種想法非常荒謬。

儘管如此，人們並不容易接受身體活動對人的道德和智力發展是至關重要的這個觀點。尚處於成長階段的孩子，如果不能使運動器官得到充分的訓練，他的發育就會受到阻礙，將比失去視力或聽力的孩子更難達到發展目標。

「肉體的囚徒」要比聾啞、失明的人遭受更多、更深的痛苦。儘管聾啞、失明的人被剝奪了與周圍環境接觸的手段，但是經歷過一定的適應的過程後，至少其他感官的敏銳性可以部分地彌補這些感官的不足。

另外，身體活動與個體的人格密切相關，沒有任何東西可以替代。如果一個人對此認知不足，那只會傷害到自己。他會因此偏離生活軌道，把自己帶入一個沒有出口的死巷子。

當我們談到「肌肉」時，我們通常把它們想像成某種「機械」。這種觀念與我們所說的精神觀念相悖，精神是沒有物質基礎的，因而它不會受到任何機制的支配。

運動或身體活動對心理發展至關重要，比視覺和聽覺對智力發展的作用更為重要。對大多數人來說，這些說法聽起來很不可思議。然而，我們的眼睛和耳朵都是按照物理法則和機械規律運作的。眼睛就像「一臺有生命的照相機」，結構如此精妙。耳朵就像一支樂隊，可以產生類似於鼓和弦的振動。

但是，當我們談到這些偉大器官在心智發展中的作用時，我們並不把它們視為機械裝置，而是把它們作為獲取知識的工具。人們透過這些奇妙的、有生命的工具，讓自我與世界接觸，並利用它們來滿足自身的心理需求。視覺不斷帶來愉悅的感受，如看到太陽昇起、欣賞藝術作品等，聽覺則帶來悅耳的聲音滋養心靈。

每個人都會享受這些不同的感官印象並做出不同的判斷。如果自我不能從這些不同的影像和聲音中獲得愉悅感，那麼這些精妙的感覺器官又有什麼用呢？視覺和聽覺雖然重要，但它們有更重要的目的要實現。個體的人格正是透過看和聽才得以塑造和發展的。

生理活動，同樣是透過運動來實現的。這就需要不同的器官配合，即使有的器官不像耳膜或水晶體那樣結構精密。

教育和生活的基本目標是，理性的生物應該控制自己的活動器官，這樣，他的行為不僅受感官刺激的本能反應引導，而且也受理性本身所引導。如果一個人不能做到這一點，就不能達到理性生物所期望的人格的統一。

第十六章 缺乏理解

第十七章　愛的智慧

　　人們依照自然規律完成的每一件事，都是在創造人與人之間的和諧，都是在獲得對愛的認識。我們可以說，這是判斷生命健康和幸福的可靠指標。

　　愛不是原因，而是結果。愛就像一顆行星，本身不產生光亮，而是從太陽那裡接收光亮。愛的動力源自本能，源自創造生命的力量。人們在創造生命的過程中，產生了愛，這種愛充滿了兒童的意識，影響著他的自我實現。

　　在敏感期，兒童產生的那種不可抗拒的衝動實際上是對環境的愛，這使他與周圍的物體能夠和諧相處。這不僅是一種情感反應，也是一種智力上的渴望，它使孩子能夠看和聽，從而獲得發展。兒童的這種天然的渴望可以用但丁的「愛的智慧」來描述。

　　正是愛使得兒童以敏銳而熱烈的方式觀察周圍的環境，這種能力對成年人來說非常重要，但也是他們缺少的，因為成年人缺乏兒童的活力。愛不就是能讓我們注意到別人沒有注意的事情嗎？愛不就是能讓我們關注到別人沒有注意的細節和特徵嗎？因為兒童對周圍的環境飽含熱愛而不是漠不關心，所以他

第十七章　愛的智慧

們可以看到成年人看不到的東西。

從成年人的角度來看，兒童對周圍環境的愛是年少者特有的天生的快樂和活力。兒童的愛本質上很簡單，就是為了得到能讓自己獲得成長機會的印象。兒童特別喜歡成年人，他們從成年人那裡得到了所需的物質幫助，並懇請成年人為他們提供自身發展所需的一切。對兒童來說，成年人是可敬的。

兒童從成年人那裡，源源不斷地學會必須掌握的詞彙。兒童觀察成年人的行為方式，模仿與他接觸的成年人，然後開始以此規劃自己的生活。成年人的言行對兒童來說具有極大的吸引力，甚至可以催眠兒童的意識。

兒童對成年人的行為非常敏感，以至於自己的生活和行動在某種程度上都會受到他們的影響。還記得那個把鞋子放在床單上的孩子的例子吧，兒童隨後的行為顯示出他天生的服從性，同時也顯示了成年人的暗示的力量。兒童會把成年人告訴他的話銘記在腦海裡，就像是被刻在大理石上一樣深刻。這足以說明兒童多麼渴望學習，多麼熱愛學習，因此成年人應該仔細權衡自己在兒童面前的言行舉止，認真思考自己會對兒童產生的影響。

兒童很容易服從大人。但是，當成年人要求兒童放棄那些有利於他們發展的本能時，他們就會抗拒。成年人為了個人利益要求孩子做出這樣的犧牲，就好比在孩子長牙時試圖阻止其牙齒生長。

孩子有創造性的衝動,也有對一個不理解他的需求的成年人的愛,如果兩者之間產生衝突,他就會表現得暴躁和叛逆。當孩子不聽話或發脾氣時,成年人應該時刻提醒自己注意這種衝突,並嘗試將其解釋為孩子對自身成長所必需的一些未知的重要活動的堅守。

成年人應該記住,孩子愛我們,所以會服從我們。孩子愛成年人勝過一切,然而我們通常聽到的卻與此相反:「那些父母多麼愛孩子!」或是「那些教師多麼愛學生!」此外,父母一直教育孩子要愛父母,愛教師,愛所有人,甚至關愛柔弱的花花草草。

難道這一切真的是父母教給孩子的嗎?誰能教一個人學會如何愛?難道是把子女的某些孩子氣的表現稱為發脾氣,並且只想著保護自己和財產不受孩子傷害的成年人嗎?這樣的人不可能成為愛的導師,因為他沒有所謂的「愛的智慧」。相反的,真正有愛的是孩子,他們珍惜大人在身邊的感覺,想要吸引別人的注意:「看看我!跟我在一起!」

晚上,兒童上床睡覺前,會一再召喚他愛的人,因為他不想看大人離開自己。我們外出時,仍在吃奶的孩子想和我們在一起,不是為了吃飯,而是為了跟我們在一起,想要隨時見到我們。成年人往往無法體會孩子這種深刻的愛。但我們應該記住,現在這麼愛我們的孩子會長大,到那時這種愛就消失了。

誰會像孩子這樣愛著我們呢?睡覺前,孩子會深情地挽留:

第十七章　愛的智慧

「陪著我吧！」而不是道一聲冷漠的「晚安」。我們吃飯的時候，誰會願意如此熱情地陪在我們旁邊，只為看著我們？我們保護自己不受這種愛的傷害，卻再也找不到這樣愛我們的人！

我們不安地說：「我沒有時間！我不行！我很忙！」在內心深處，我們在想：「你必須糾正孩子，否則你將成為他們的奴隸。」我們想把自己從孩子那裡解放出來，這樣我們就可以做自己想做的事，這樣我們就不會感到被約束。

早上，孩子會過來叫醒父母。對父母來說，這是一件很討厭的事情。但如果不是愛，孩子一起床就去找父母的動力是什麼呢？天一亮，孩子就早早地從床上爬起來，去找還在熟睡的父母，好像是在說：「認真生活吧！天已經亮了！現在是早晨！」孩子去找父母，不是為了教育他們，而是為了再次見到他所愛的人。

但是，家長會將孩子房間的門關緊，遮住陽光，覺得這樣孩子就不會一大早來打擾自己。父母會抱怨：「我們告訴過你多少次了，不要一大早來叫醒我們？」孩子回答說：「我沒有想要吵醒你，我只想吻你一下。」實際上，他是說：「我不是想把你從睡夢中吵醒，我只想讓你有活力一些。」

是的，這就是孩子的愛，它如此重要。父母的熱情和動力已經沉寂，需要用新的生命力喚醒，用他們不再擁有的新鮮和活力來啟動。他們需要行為與自己不同的人，每天早上都能提醒他們：「去過另一種生活吧！更好地生活！」

對！為了生活得更好！為了感受愛的氣息！

沒有孩子的幫助，成年人就會墮落。如果成年人不努力更新自己的狀態，內心就會形成一個硬殼，最終完全喪失知覺。

愚蠢的成年人！是孩子喚醒我們，教導我們如何去愛！但我們卻認為這只是一個幼稚的小孩的心血來潮。我們將因此迷失內心。

第十七章 愛的智慧

第十八章　兒童的教育

我們必須清楚地認知到一個偉大的事實，即兒童是有心理活動的，只不過其微妙的表現形式總被成年人忽視，而且可能會被成年人無意識地打亂。成年人的環境不適合兒童的發展，反而會為兒童的發展帶來一系列障礙。這些障礙強化了成年人的防禦能力，扭曲了他們的態度，並促使兒童接受成年人的建議。

兒童心理學和教育學是從成年人，而不是從兒童的角度開展研究的，因此，我們必須審視其理論基礎。正如我們已經看到的那樣，孩子每一次非比尋常的反應都為我們提供了一個有待解決的問題，每一種暴躁行為都是某種根深蒂固的衝突的外在表現，這種衝突不能簡單地解釋為對抗敵對環境的防禦機制，而是展示自我重要特質的一種表現。發脾氣就像一場風暴，阻止了兒童走出內心的隱退狀態，向世界展示自己。

顯然，所有這些偽裝都掩蓋了兒童的真實心理。這種奇怪的思想、努力的掙扎和畸形的表現，掩蓋了他實現自我的努力，阻止了他展示自己真實的性格。在這些令人不安的外在表現背後，是個體的精神胚胎正在按照一個明確的計畫發展。

第十八章　兒童的教育

在這些外在的表現之下，隱藏著一個未知的孩子，他必須被釋放出來。教育工作者面臨的最緊迫的任務就是要認識這個未知的孩子，並使其擺脫一切糾纏。

精神分析的研究和這種對未知的兒童心理的研究與成人的研究有著本質的區別，成年人潛意識的祕密是他壓抑在自己內心的東西，而兒童的祕密是暴露在環境中的。為了幫助成年人，我們必須幫助他完成一系列複雜的適應過程，這個過程需要很長時間才能完成。為了幫助孩子，我們必須為他提供一個能夠讓他自由發展的環境。兒童正處於自我實現階段，我們只要為他開啟這扇門就足夠了。

事實上，一個正在自我創造的人，從不存在到存在、從沉寂到行動的過程不會很複雜，因為他擁有一種不斷擴張的能量，所以不難表現出來。

兒童在一個開放的環境中，即在一個適合自己年齡的環境中，心理活動會自然地發展，並揭示其內在的祕密。我們必須堅持這一原則，否則之後所有的教育都只會使人陷入無盡的迷宮之中。

新的教育體系的首要目標是發現和解放兒童，最重要的是重視孩子的存在，其次是在他走向成熟的過程中為他提供必要的幫助。這意味著兒童必須有一個適合自身成長的環境，能為自身發展提供必要的條件，並盡可能地減少障礙，以便進行那些能開發兒童能量的活動。既然成年人也是兒童環境的一部

分，他們就應該讓自己適應兒童的需求，而不是成為兒童獨立活動的障礙，或替代兒童完成他成長過程中的必要任務。

我們的教育體系的最大特點是強調環境的重要性。教師在學校的角色一直是人們感興趣和討論的話題。教師如果減少其消極的態度，就能減少自身的行為和權威為兒童帶來的障礙。因此，兒童自身也可以變得活躍起來。

教師看到兒童獨自行動並取得進步時，會感到很滿意。他不會把這一成功歸因於自己，而是從施洗者約翰的思想中得到啟發：「他必擴增，但我必衰減。」

我們的教育體系的另一個特點是尊重兒童的個性，並且將這種尊重提升到了前所未見的程度。這些原則在最初被稱為「兒童之家」（Case del Bambini）的機構中得到了闡述，這使「兒童之家」的名字聽起來就有家的意味。

這樣的新型教育體系得到了廣泛的討論，特別是關於將兒童和成年人的角色顛倒的問題：教師沒有桌子，沒有權威，不會進行過多的教學；兒童是活動的主體，可以隨意地走動或選擇自己感興趣的事。有些人認為這是一種烏托邦的設想，還有一些人則認為這種教育場景很誇張。

另一方面，我們的教育體系也融入了一些創新，例如，我們準備了適合兒童身高的物品、明亮的房間、擺著鮮花的矮窗、微型家具、小桌子、小扶手椅、漂亮的窗簾。兒童可以輕鬆開啟小櫃子，裡面裝著他們可以隨意使用的各種東西。所有

第十八章　兒童的教育

這些改善在兒童成長中都發揮了一定作用。因此，越來越多的「兒童之家」有意保留這種令人感到愉快和便捷的外在特徵，久而久之就成為「兒童之家」的主要特徵之一。

現在，我們對這些問題進行了深入的研究，累積了大量的經驗，認為重新考慮這些問題，特別是考慮這些問題的起因，是一件很有益的事。如果人們認為對兒童的實際觀察，讓我們得出了一個驚人的結論，即兒童具有一種隱藏的本能，而這個結論又使我們設想出特殊類型的學校和特殊的教育制度，那就是錯誤的。我們不可能對仍然未知的事物進行觀察。

一個人不可能透過簡單的直覺就認為孩子身上具有這兩種本能，然後又試圖透過實驗證明它們的存在。未知的東西應該透過它自己特有的能量顯現出來，當它顯現出來時，第一個看見它的人會感到難以置信，也許會拒絕接受（就像面對其他新事物時一樣）。因此，這個迄今為止仍然未知的事物，需要透過很長時間的努力，才能被人看見、被承認，最終被熱情地接納。

人們被這個新事物衝擊並最終擁抱它，對它充滿熱情，甚至為之付出生命。人們如此熱情，以至於認為自己是它的創造者，而事實上人們只是對它的表現形式很敏感。

我們很難感知新事物，更難相信我們的發現是真實的。因為在新事物出現之前，我們的感官之門是關閉的。然而，當我們確實有了這樣的發現，並且意識到它的真理性時，我們就變成了「尋找珍珠的商人」。當價格適宜時，我們就會變賣所有財

產,只為了得到這個珍寶。

在我們的世界裡,儲存知識的密室就像是貴族家中不對外人開放的客廳。人們要進入密室,必須由另一個已經熟悉密室的人帶領。沒有這樣的介紹人,我們就必須破開緊閉的門或悄悄地進去。最終進入房間後,人們就會產生一種新的認知。

伏特(Alessandro Volta)一定是懷著驚訝和懷疑的心情看著那隻死去的青蛙抽搐,但他堅持完成實驗,並確定了電的功能。有時,一件小事可以開啟一個全新的和無限的視野。從本質上來說,人類是一個探索者,只有透過發現一些看似無關緊要的細節,他才能前進。

在物理學和醫學中,對新現象的認定有嚴格的標準。在這些領域裡,新現象是指被發現的以前不為人所知的事實,而且這些現象可能是完全出乎意料的。這些現象是客觀的,不依賴於個人的直覺而存在。

人們如果需要證明這一事實,就必須遵循兩個步驟:一是必須在不同的條件下分別進行研究;二是必須從各個方面對其進行重複研究,以確定這不是一種幻覺,而是一種具有實際價值的事實。在第一個「兒童之家」,我們可以看到最初發現的看似無關緊要的事實,實際上已經產生了巨大的影響。

第十八章 兒童的教育

教學方法的起源

下面對我們教育方法的起源的描述，摘自我當時隨手記下的舊筆記。

你是誰？

1907年1月6日，第一所「兒童之家」成立了，當時招收的是50多個3到6歲的兒童，一群極其貧窮、衣衫襤褸、膽小懦弱的孩子。好多孩子在哭泣，而我們也還沒有針對性的教學方法。這些孩子的父母幾乎都是文盲，他們在居住的公寓裡留出了一個房間給孩子們，我被聘請過來照顧這些孩子，以免孩子們被丟在樓梯上沒人照顧，在牆壁上亂塗亂畫或天天在公寓裡惹事。

由於某種莫名的原因，我有預感，一項偉大的工作即將開始，並終將成功。就像是一種預言：「大地完全被黑暗所覆蓋，但當星星出現在東方時，它的光輝將成為人們的嚮導。」

出席開幕式的人有點驚訝，內心疑問：「為什麼蒙特梭利醫生如此重視窮人的避難所？」

我以一個耕耘者的身分開始這項工作，開始時認為面前有一塊肥沃的土地，卻沒有好種子。但是，事實並非如此。我剛挖掘了一下土地，就發現地下埋的是金子而不是糧食，這塊土地中蘊藏著寶貴的財富。

我就像手裡拿著神燈的阿拉丁，卻不知道那是一把通往隱藏寶藏的鑰匙。儘管如此，我還是很喜歡這項工作，因為這些事為我帶來了接連的驚喜。我投入大量的精力去幫助這些智力落後的孩子，將我知道的東西教給他們，最後也取得了很好的效果。

　　我合理地做出推斷，那些成功地幫助智力落後的孩子發展思維的方法，同樣適用於智力正常的孩子。根據這些經驗，我總結出一些心理健康的原則，盡可能讓他人相信並使用這些原則。必須承認的是，最初這些方法對正常兒童產生的影響，效果常常出乎意料，讓我感到不可思議。

　　我們的教學方法對正常兒童的影響，與對智力落後兒童的影響不同。正常兒童被某一物體吸引時，會長時間全神貫注地盯著這一物體，表現出滿足、平靜、愉悅。我第一次在孩子們的小臉上看到了平靜和滿足，從他們的眼睛中看到自主完成任務後的心滿意足。

　　我對孩子們使用的教育方法就像是為時鐘上了發條，但兩者又有顯著的不同。時鐘上了發條後，會自己繼續往前走。當給予孩子們一個可以使用的工具後，他們不僅會繼續使用它，而且會努力使自己的心理比以往更加健康。

　　我花了很長時間才相信這不是幻覺，即使新的實踐結果不斷證明這一結論的正確性，我還是會感到震驚，還是花了很長一段時間去接受這樣的結果。甚至有教師向我講述孩子們的表

第十八章　兒童的教育

現時，我會責備她「不要跟我講這些猜想出來的事情」。我一直嚴厲地批評她，但她卻沒有感到被冒犯，還會滿含熱淚地回答：「你的做法是對的。當我看到這樣的結果時，我想一定是天使在激勵這些孩子。」

最終，有一天，當我懷著極大的敬意和愛意看著這些孩子時，我問自己：「你們是誰？」或許，這些孩子都是上天的兒女吧。

我就是以這樣的眼光來看待這些孩子的。最初，這些孩子在我面前淚流滿面、驚恐萬分，膽小得不肯開口。他們面無表情、眼神迷惑，彷彿一生中從未見過這樣的場面。他們在陰暗破舊的環境中長大，生活窮困，被人忽視，沒有任何東西能夠刺激他們的心理去成長。任何人都能看出來，他們缺乏營養，就像注定不可能綻放的花蕾，需要補充養分和陽光。

是什麼特殊的環境帶來如此驚人的轉變？是什麼給予他們新的生命，使他們的光彩照耀全世界？顯然，他們發展過程中的障礙被清除了，找到了解放心靈的方法。然而，我們不知道這些障礙是什麼，需要做什麼才能使這些孩子解放心靈，常見的那些做法似乎注定會產生反效果。

我們可以從這些孩子的家庭背景開始分析。他們的父母**屬**於社會底層人士，幾乎都是文盲，沒有固定的工作，不得不日復一日地找工作，既沒有時間也沒有能力照顧孩子。但顯然這些指控對於問題的解決毫無意義。

我們找不到受過系統化訓練的教師來好好照顧孩子。一開

始，我們只是找了一位年輕的女工來照顧這些孩子。她曾經上過師範學校，但後來輟學了。所以雖然她沒有獲得應有的教育，但也沒有教育帶來的偏見，因此她是最合適的。

我們需要考慮的另一點是，我們的第一所「兒童之家」是一所私立學校，由一家房地產公司贊助。「兒童之家」把孩子們聚集在一起只是為了減少他們對公寓牆壁的破壞，從而減少維修費用，省下來的費用就成了建設「兒童之家」的資金來源。

這不是真正的社會福利，我們沒有想到為孩子們提供免費的午餐，更不用說會替兒童提供醫療保險等保障措施。我們的資金只夠設立一個配備家具和辦公設備的辦公室。所以，我們買不起普通的桌椅，就只能自己做。如果不是這些簡陋的條件，我們就無法區分和證明導致兒童轉變的各種心理因素。

因此，第一所「兒童之家」與其說是建設了一所學校，不如說是提供了一個用途尚未可知的場所。因為我們的資金非常有限，所以沒有孩子或教師的桌椅，也沒有普通學校的任何常用設備。房間布置得很簡單，就好像是一間辦公室或一個家。儘管環境簡陋，我們還是準備了一些特殊的教材，與智力缺陷兒童學校裡用過的教材一樣。然而，這肯定無法跟學校的配備相比。

最初的「兒童之家」，不像我們今天看到的那樣明亮和歡快。那裡只有一張教師用的結實的桌子，還有一個巨大的櫥櫃存放不同的物品，鑰匙則由教師保管。兒童的桌子結實耐用，像普

第十八章 兒童的教育

通學校那樣並排擺放,三個孩子坐成一排。除了凳子外,每個孩子還都有一把簡單的扶手椅。院子裡沒有養花,只種了一片草坪和樹木,這些慣例成為「兒童之家」的特色。

我沒有妄想在這裡完成重要的教育實驗。儘管如此,我還是開始訓練兒童的感官,觀察他們的反應與我之前接觸的缺陷兒童的反應有哪些不同。我特別感興趣的是,觀察正常幼齡兒童和智力有缺陷的大齡兒童的行為是否有區別。

我沒有對教師設定限制,也沒有特別規定教師的職責。我只是教她們如何使用各式各樣的教材訓練孩子們的感官,以便她們能指導兒童使用這些物品。

教師對這些教學物品很感興趣,我也鼓勵她們發揮自己的主動性。後來,我發現教師能夠創造出其他的道具供兒童使用,有的教師用紙做出金色的手工藝品,獎勵表現良好的孩子。我經常發現孩子們戴著這些金色的手工藝品。教師還會教孩子們行軍禮,一隻手放在胸前,另一隻手撫摸額頭。這些兒童中年齡最大的也不過 5 歲,他們都學得很開心,所以這種教育方法有益又有趣。

在這裡,我們開始了平靜且封閉的生活。很長一段時間裡,沒人注意到我們在做什麼。然而,當我們總結那一時期發生的事情時,我們發現這可能是一件有意義的事情。雖然我所有的做法沒有科學依據,結果似乎也微不足道,但是,我們一直在進行重要的觀察和探索,也希望能夠透過這些實踐找出我想要的答案。

第十九章　觀察與發現

重複練習

在研究過程中，我特別關注一個小女孩的表現。她面前的教具上有不同大小的孔，可以讓大小不同的圓柱體像瓶塞一樣塞進去。小女孩就不斷地把圓柱體塞進相應的孔裡再拿出來。令我吃驚的是，這麼小的孩子竟然如此興奮地重複這個動作。

出於習慣，我開始數她重複練習的次數，想要看看她在這一項奇怪的工作中能專心致志堅持多久。在這期間，我告訴教師讓其他孩子照常唱歌、走動，但是這都絲毫沒有打亂小女孩的動作。最後，我輕輕地搬起她放置教具的椅子，她就緊緊地抓住這些教具，把它們放在自己的膝蓋上，然後繼續同樣的動作。從我開始數起，她把這個練習重複了 42 次。然後，她停了下來，如夢初醒般高興地笑了。她的兩眼炯炯有神，四處張望，根本沒有注意我們曾在她身邊做了什麼打擾她的事。現在，她的任務完成了。但是，她完成了什麼？為什麼？

這讓我們第一次洞察兒童未經探索的內心深處。這個小女孩正處於注意力不穩定的年齡階段，很容易從關注一件事轉變

第十九章　觀察與發現

為關注另一件事。然而，她對自己正在做的事情如此專注，以至於對外界刺激充耳不聞。她把不同的物體搭配在一起時，注意力一直跟隨著雙手有節奏地起伏。

類似的事情不斷發生，每次兒童從這樣的專注經歷中走出來時，就像是剛剛休息過一樣，絲毫不會感到疲憊，反而精力充沛，像是經歷過巨大的驚喜。

雖然兒童心無旁騖地關注一件事的時刻並不常見，但我還是注意到這樣一種奇怪的行為。這種行為對人們來說很常見，人們都會持續進行同一個動作，這就是我後來所說的「重複練習」。

不只是洗手這件事，無論是什麼事，教師教得越好或分析得越透澈，兒童就越會無意識地重複這樣的動作。

有一天，我看到孩子們的小手髒兮兮的，想教他們一些有用的洗手方法。然後，我注意到孩子們即使已經洗乾淨了雙手，也會繼續清洗的動作。我注意到他們離開學校時，還會再洗一次。孩子們的母親告訴我，孩子起床後會自己洗手，洗好以後還會炫耀乾淨的雙手，但她們卻誤以為孩子是在討要食物。

孩子們一遍又一遍地進行重複練習，沒有任何外部原因。這種情況在其他活動中也經常發生，一項練習的細節教得越仔細，就越容易成為孩子們無休止重複的對象。

自由選擇

另一個重要的問題也暴露了出來。教師告訴我，兒童課上用到的教具都是教師分配、回收和擺放的。每當她回收教具時，兒童就會從座位上站起來，走到她身邊。教師頻繁地將孩子送回座位，但他們還是折返回來。在教師的角度看來，這些兒童很不聽話。

我觀察之後，意識到兒童是想把東西放回原處。後來，我讓他們按照自己的想法做。這些兒童有了新的變化，開始著迷於把東西擺好，把事情理順。比如，兒童不小心打碎了杯子，其他人就會跑上前去收拾碎片並擦乾地板。

有一天，教師將盒子掉在地上，裡面大約有 80 個不同顏色的小方塊。教師一時之間難以分辨出這麼多不同的正方體，表現得有些尷尬。這時，孩子們跑了過來，令我們吃驚的是，他們很快就按正確的順序把小方塊排好了，表現出一種比成年人更出色的靈敏。

還有一天，教師忘記鎖櫃子了，到學校的時間也晚了一點。她發現，孩子們已經把櫥櫃的門開啟了，圍在周圍，正準備動手拿出教具。教師認為這是一種偷竊行為，認為孩子們對學校和教師缺乏尊重，應該嚴肅處理，並給予其道德教育。我跟她的想法不一樣，我將這個事件解釋為一種跡象，表示孩子們現在對物體非常了解，可以自己做出選擇，之後證明事實也確實如此。

第十九章 觀察與發現

現在，兒童可以根據自己的喜好選擇想做的事情，他們把這看成一項挑戰。對兒童來說這是一種全新的、有趣的活動。

從那個時候起，我們就開始使用比較矮的櫥櫃，方便兒童從中取出符合心意的教具。因此，在重複練習之外，兒童還有了自由選擇，使我們能夠觀察他們的心理需求和特點。

第一個有趣的發現是，兒童並不是把我們提供給他的所有物品都選擇了，而是只選擇其中特定的某些，還幾乎總是做出相同的選擇，表現出明顯的偏好。因此，有些物品一直無人問津，蒙上灰塵。

我會讓教師把全部的教具分發給兒童並解釋它們的用途，但是孩子們依然不會違背心意選擇不想要的東西。後來，我才意識到，孩子們選擇的東西不僅要井然有序，而且還要與使用目的相稱。他們總是專注在自己感興趣的東西上，捨棄他們不喜歡的東西。

玩具

第一所「兒童之家」裡有很多漂亮的玩具，但是兒童都不願意去玩。這讓我感到出乎意料，我以為兒童不懂怎麼玩，於是我決定教一教他們。例如，我教他們在玩偶廚房裡洗碗、做飯，還在旁邊放一個漂亮的玩偶陪著。兒童會有一時的興致，

但過了不久就各自走開了。我意識到，這是因為他們從來沒有自主選擇過這些玩具。

兒童的生活中，玩耍似乎是一件無關緊要的事情，這是因為他們還沒有發現更有吸引力的事情，所以才會讓自己投入玩樂中。兒童要做的事情如果比這些瑣事更重要，就不會選擇玩樂。就像成年人把象棋或橋牌視為娛樂，僅作消遣而已。但是，如果我們不得不長時間地玩耍，娛樂就會變成一件痛苦的事情。我們有重要的事情要做時，就不會因無聊而去玩樂。同樣地，兒童總有一些重要的事情要做，因此不會對玩樂保持長久的興趣。

兒童不斷地從低階狀態過渡到高級狀態，所以他們的每一分鐘都是寶貴的。兒童在不斷地成長，對一切有助於他們發展的事物都很感興趣，而對閒散的事情漠不關心。

獎懲

有一次，我去一所「兒童之家」，看到一個孩子獨自坐在教室中央的扶手椅上，無所事事。他的脖子上戴著一個金色的獎牌，那是教師對表現優秀的孩子的獎勵。

然而，教師告訴我，其實那個小傢伙正在被懲罰。而他之所以有獎牌，是因為其他受到了獎賞的孩子，起初會把獎牌掛

第十九章　觀察與發現

在自己的胸口,但後來卻把獎牌交給那個被懲罰的孩子,就像獎牌是一個只會打擾人做事的無用之物。

那個孩子坐在扶手椅上漠然地看著獎牌,然後平靜地環視著房間,絲毫不覺得羞恥。這件事使我們意識到獎懲對於孩子來說是徒勞的。

然後,我們進行了更加詳細的觀察,證實了我們最初的直覺,教師們甚至不好意思再使用獎懲方式對待那些似乎並不關心獎懲的孩子。最終,我們完全放棄了對孩子採取獎懲的方式。

更令人驚訝的是,兒童經常拒絕獎勵。這意味著兒童的尊嚴已經覺醒,這種尊嚴意識之前並不存在。

安靜

有一天,我在院子裡遇到一位母親,她將4個月大的女嬰交給我。按照當地的習俗,嬰兒被緊緊地裹在了包巾裡。她小臉紅潤,安安靜靜,讓我留下了深刻的印象。我抱著孩子走進教室,想跟孩子們分享我的感受。

「她很安靜。」我開玩笑地說,「你們誰也做不到這麼好。」

令我非常驚訝的是,孩子們開始以異常緊張的眼神盯著我,認真地聽我說話,並試圖理解我話裡的意思。

我接著說:「你看,她的呼吸多麼輕柔,你們誰也做不到像

她那樣安靜地呼吸。」

孩子們驚呆了，一動不動，開始屏住呼吸。在那一刻，我感受到一種令人印象深刻的寂靜，開始能聽到平時幾乎聽不見的鐘錶的滴答聲。小女孩似乎為房間帶來了一種從未有過的安靜氣氛。

所有的孩子都沒有任何小動作，他們一心想要感受並維護這種安靜的氛圍。所有的孩子都樂於這樣做，但這並不是說他們對此充滿熱情，因為熱情意味著衝動和魯莽。

孩子們都靜靜地坐著，盡可能安靜地呼吸，表情平靜而專注，就像在沉思一樣。在這令人印象深刻的寂靜中，漸漸地，我們都能聽到最輕微的聲音，如遠處一滴水落下的聲音和小鳥的啁啾聲。這就是我們的教學方法中安靜練習的起源。

有一天，我突然想到，我可以用這種安靜來測試孩子們的聽力敏銳程度。我從遠處小聲叫他們的名字，凡聽見自己名字的孩子都要到我面前來，走路過程中不要發出任何聲音。

我想，這種耐心等待對孩子們來說是一種考驗，所以我帶了一些糖果和巧克力獎勵來到我面前的孩子們。但他們拒絕了獎勵，好像在說：「我們的心情愉快，你不要破壞這種美好的感受，不要分散我們的注意力。」

因此，我開始明白，孩子們不僅對安靜敏感，而且對安靜中的微小聲音也敏感。他們會踮著腳尖慢慢走過來，留意不去碰到任何會發出聲音的東西。

第十九章　觀察與發現

　　後來，我意識到，不斷糾正孩子動作練習中出現的錯誤，會對孩子有很大的幫助。重複此類練習可以讓兒童有完美的表現，而這種完美無法透過單純的指導來實現。

　　「兒童之家」的孩子學習如何繞著各種物體走而不撞到它們，如何在不發出任何聲音的情況下輕快地奔跑。他們變得敏捷和警覺，對發現自己的潛力很感興趣，為自己完美地完成了這些行動而歡欣鼓舞，並透過這種方式在廣闊的現實生活中鍛鍊自己。

　　很久以後，我才說服自己，孩子們拒絕吃糖是有內在原因的，為此，我做了進一步的測試。

　　眾所周知，孩子們愛吃糖，所以，他們的拒絕在我看來有些異常，所以我決定做進一步的測試。我帶了一些糖果來學校，但是孩子們拒絕接受這些獎勵，或者只把它放在衣服口袋裡。因為他們家裡都不富裕，我想他們可能是想把糖果帶回家。於是，我又給了他們一些糖果，告訴他們：「這些糖果是給你的，你可以帶回家。」他們接受了糖果，但沒有吃，而是放進口袋裡。

　　然而，在教師要去探望一個生病的孩子時，孩子們貢獻出了自己珍藏的糖果。

　　男孩非常感激教師來看他，他開啟教師帶來的禮物盒子，發現裡面是小朋友們在學校裡收到的糖果。糖果很誘人，但孩子們寧願忍住誘惑，收藏了好幾週。

這種現象在「兒童之家」非常普遍，後來許多訪客的到來就是為了驗證他們在不同的書中讀到的關於此的描述。這是孩子們自發和自然的行為，沒有人禁止他們吃糖，也沒有人會如此不切實際地說「小孩子不應該玩，也不應該吃糖果」。因為這不符合兒童的天性。

　　孩子們之所以自己拒絕了這些無用的快樂，是因為他們精神需求的階段越來越高。

　　有一天，我們發給孩子們一些幾何形狀的餅乾，他們卻沒有吃，而是認真地看著餅乾說：「這一個是圓形的！這一個是長方形的！」

　　另一個有趣的故事也證實了我的發現，一個孩子在看媽媽做飯，媽媽拿起一塊奶油時，孩子的第一反應是：「這是一個長方形！」母親切下一個角，孩子又說：「這是一個三角形。」他還指著剩下的部分說：「剩下的是一個梯形。」

　　我們原以為他會說：「給我一些麵包和奶油。」但他沒有。

尊嚴

　　有一天，我想用輕鬆的方式教會孩子一些事情，比如擦鼻涕。我向他們展示了使用手帕的不同方法，還教他們如何以不引人注目的方式使用手帕擦鼻涕。

第十九章　觀察與發現

我不聲不響地掏出自己的手帕，盡可能輕地擤了擤鼻子。孩子們全神貫注地看著我，忍住沒有笑出聲來。我還沒完成演示，他們就莫名地熱烈鼓掌，就像劇院裡的觀眾爆發出壓抑已久的掌聲一樣。我從沒想到孩子們小小的手掌能發出那麼大的聲音，也不知道為什麼這些小傢伙會這麼熱情地鼓掌。

我突然想到，也許我觸及了他們小小社交圈中的一個敏感點。孩子們會認為擦鼻涕是一件很難的事情，因為他們經常在這個問題上遭受批評。批評和辱罵傷害了他們的自尊，所以他們對此很敏感。而且當他們要把手帕公然地別在衣服上以防丟失時，他們感到的是加倍的侮辱。

但是，沒有人真正教過他們怎麼擦鼻涕。所以，我這樣的做法，在他們看來是在彌補他們過去經歷的羞辱。他們給我掌聲，不僅因為我公正地對待他們，還因為我使他們有了挽回自尊的方式。

後來的經驗告訴我，我的理解沒錯，即使是孩子，也有強烈的自尊心，但周圍的成年人通常不知道孩子多麼容易受到傷害和壓迫。

我即將離開學校的那一天，孩子們大聲叫喊：「謝謝你，謝謝你的課！」當我離開大樓時，他們默默地跟著我，直到我最後告訴他們：「你們回去的時候，要小心地跑，別撞到牆角。」他們轉過身，飛一樣地消失在大門後面。我被這些孩子感動了。

來訪者來到學校時，孩子們表現得很禮貌。他們知道如何

熱情地接待這些訪客,向他們展示自己。

有一次,有人告訴我們,有一位重要人物想和孩子們單獨待在一起,以便深入地觀察孩子們的行為。我叮囑教師們:「不用緊張,隨意一些。」然後,我轉向孩子們,補充道:「明天有客人來。我希望他會認為你們是世上最好的孩子。」

後來,我問教師接待的結果如何。教師說:「孩子們的表現很出色。」她說有些孩子讓座給來訪者,禮貌地說「請坐」,還有孩子禮貌地打招呼說「你好」。來訪者離開的時候,孩子們探出窗外道別說:「謝謝你的來訪,歡迎再來!」

我隨即質疑:「你為什麼要這樣教他們呢?我告訴過你不要介入孩子們的表現,你為什麼還這樣做?只要讓孩子們順其自然就行了。」教師反駁道:「但是我什麼都沒跟孩子們說。」又解釋說是孩子們自覺地努力完成各項任務的。他們優秀的表現讓來訪者大吃一驚,並深受啟發。

有一段時間,我對教師的話持懷疑態度。我擔心她可能給了孩子們一些特別的提示,於是一再跟她確認,但最終我發現事實確實如此。

孩子們也有自尊心,也會尊重來訪者,並自豪地向他們展示自己的能力。那如果我沒有提醒他們「我希望來訪者認為你是世界上最好的孩子」,又會怎樣呢?我想可以確定的是,孩子們不是因為我的勸告才有了這樣的表現。

第十九章　觀察與發現

每當我告訴他們「會有訪客來看你們」，就像在客廳裡宣布客人即將來訪一樣，孩子們總是泰然自若、自尊自信，樂於接待這些訪客。

現在，這些孩子沒有了之前的膽怯，他們和周圍的環境融為一體。他們的生活自然地展開，就像荷花張開白色的花瓣，接受陽光的照射，散發出芳香的氣味。重要的是，孩子們的發展道路上沒有任何阻礙，他們沒什麼好隱瞞的，也沒什麼好害怕和逃避的。

事實就是這麼簡單，孩子們已能夠表現出自我管理能力，能在短期內完美地融入環境。

孩子們變得機敏、靈活，但總是很鎮靜，散發出一種心理上的溫暖，也激發了成年人的熱情。這些不斷前來拜訪的客人就是來尋找這樣的感受的，也確實在這裡感受到了這樣的溫暖和舒適。

觀察這些來訪者的反應是很有趣的一件事：衣著優雅的女人戴著珠寶，彷彿在參加一場宴會，享受著孩子們單純的愛戴，併為引發孩子們的驚奇感到高興。孩子們撫摸著來訪者漂亮的衣服、柔軟的手。

有一次，一名孩子走近一位正在服喪的婦人身邊，把小腦袋靠在她身上，然後握住她的一隻手。後來，婦人感慨道，沒有人能像那個孩子那樣給她莫大的安慰。

一天，首相的女兒陪同阿根廷大使探望「兒童之家」。大使要求不提前公布行程安排，這樣就可以親自驗證孩子們的表現是否讓人滿意。然而，他們一行人到達學校時，才得知學校放假了，大門深鎖。院子裡的幾個孩子走了過來，其中一個孩子非常自然地解釋道：「今天放假了，但我們都還在這裡，警衛那裡有鑰匙。」然後，孩子們開始四處奔波，召集了小朋友們，讓負責人開啟大門。孩子們在教室裡正常地學習，來訪者也見證了孩子們令人驚嘆的自主性。

孩子們的母親很欣賞他們的表現，並悄悄告訴我，孩子在家裡的表現。「這些三四歲的孩子告訴我們，你的手髒了，應該去洗手，或者你應該把衣服上的汙漬洗掉。別人說這些話會冒犯我們，但孩子們說這些話時，我們不會生氣，還會感覺像是在做夢一樣。」

事實上，這些窮人的家裡已變得更加乾淨整潔，窗戶玻璃都亮晶晶的，窗臺上的破罐子也不見了，還擺上了盛開的天竺葵。

紀律

儘管孩子們的行動是自由的，但整體而言，他們給人的印象是遵循了一定的紀律。他們每個人都在安靜地做事，專注於自己特定的任務。他們靜靜地走來走去，取走或放回學習用

第十九章　觀察與發現

品。他們也會離開教室,在院子裡待一會,然後再回到教室。

孩子們以驚人的速度執行教師的命令。教師說:「我告訴他們做什麼,他們就會做什麼,我開始覺得要對自己說的每句話負責。」

事實上,如果教師想讓孩子們做什麼,例如安靜練習,往往不用多說什麼,孩子們就會去做。然而,這種對教師明顯的依賴並沒有妨礙他們獨立地行動,自主地安排生活。他們會取走需要的東西,用完之後再放回去並收拾整齊。如果教師來晚了或者孩子們單獨待著,一切也會照常進行。孩子們設法將自由和秩序自發地結合起來——這一點最讓那些來訪者感到驚奇。

可以說,孩子們表現出極高的紀律性,即使他們正安靜地沉浸於自我工作中,也能及時執行命令或者在教師下達命令之前,他們就能預測到即將下達的命令並表現出服從。孩子們完美的紀律性源自哪裡呢?

孩子們自發地完成某項任務時,教室裡瀰漫著一種平和的氣氛,這種氣氛極其動人。沒有人能刻意營造出這種氛圍,也沒有人能夠透過外部手段打造這種氛圍。

寫字和讀書

有一天，幾位母親來找我，請我教他們的孩子讀書寫字。這些母親並不識字，所以才會提出這樣的請求。起初，我覺得這樣的要求其實已經超出了我的計畫，我原本是不想答應的，但是拗不過她們的堅持。

由此，之後我收穫了一系列的驚喜。我教這些四、五歲的孩子學習字母，使用的材料是教師從紙板上剪下來的，還有一些是用砂紙做的，這樣孩子們就可以用手指觸摸字母，感受它們的形狀。

我把它們貼在黑板上，形狀相似的字母放在一起。孩子們在觸摸字母時，手部的動作與寫字時的動作類似。教師對這種安排很滿意，並沒有介入更多。

孩子們站成一排，舉著字母表上的字母，就像舉著旗幟一樣列隊行進，發出歡呼。讓我們感到疑惑的是，孩子們為什麼有這麼高漲的熱情？

有一天，一個獨自學習字母的小男孩的表現讓我感到驚訝，他重複著「sofia，s-o-f-i-a」。他懷著強烈的興趣去探索新事物，專心研究和分析組成單字的音節，漸漸明白單字的每一個發音都對應一個字母。事實上，除了聲音和字母之間的對應法則之外，拼讀也沒什麼好學的。

第十九章 觀察與發現

語言主要是能說會讀，寫字就是把聲音轉換成視覺可見的符號。書面語和口頭語的同步發展是寫字能力開始發展的預兆。一開始，書面語是從口語中提煉出來的，就像點滴之水最終會整合成水流一樣，文字最終也匯聚成流水般的文章。

寫字能帶來雙重鍛鍊。寫字使雙手能夠寫出自己想要表達的所有事情，掌握一項與口頭語一樣重要的技能，獲得第二種交流方式，表達出事件所有的細節。因此，寫字同時依賴頭腦和雙手。

寫字是固化字母學習的成果。因此，兒童要正確地書寫，手就必須會畫出符號。事實上，孩子們很容易就學會了畫出字母表上的符號，因為它們只是特定聲音的代表。但是，在孩子們自行學會寫字之前，我並沒有想到這一點。

接下來這件事是在第一所「兒童之家」發生的大事之一。第一個能臨摹出字母的孩子非常激動，大聲喊道：「我會寫字了，我寫出來了！」其餘的孩子興奮地跑上前去看他用粉筆在地板上寫的字，他們邊跑邊喊：「我也要，我也要寫！」

一些孩子擠在黑板周圍，另外一些孩子則趴在地上。他們都開始寫字，湧現出無窮的熱情，門上、牆上，甚至家裡的麵包上，到處都是他們寫的字。孩子們才四、五歲，但他們對寫字的探索完全出乎我的意料。教師也跟我說：「昨天三點鐘，那個小男孩就開始寫字了。」

我們被震撼了，彷彿目睹了一個奇蹟的發生。之前，我們

收藏過一些插圖精美的書，但自從孩子們學會寫字之後，我們再把這些書給他們看時，卻遭到了他們冷淡的拒絕。書中的圖片雖然漂亮，但會讓孩子們分心，使他們不能集中精力完成新鮮的、有趣的寫字任務。孩子們想做的是寫字而不是看圖畫。

很長一段時間以來，我們試圖喚起他們對看書的興趣，但他們以前從來沒有看過書，不可能明白我們說的讀書是什麼意思。因此，我們只好先把書放在一邊，等待一個更有利的時機。

孩子們很少對別人寫的東西感興趣，可能因為他們的閱讀能力有限。當我大聲朗讀他們所寫的文字時，許多孩子會轉過身來驚訝地看著我，好像在問：「你怎麼知道它這樣讀呢？」

大約過了6個月，他們才開始明白什麼是閱讀，事實上，他們只是把閱讀和寫字連結了起來。當我在一張白紙上寫字時，他們看著我的手，意識到我在像說話一樣表達自己的想法。孩子們讀懂了我寫的符號後，就開始把我寫的那幾張紙拿到角落裡去讀。

他們在心裡默念這些內容，並沒有讀出聲，但我們可以從他們臉上突然綻放的笑容中分看出他們看懂了這段文字，他們因認真思索而皺在一起的臉突然放鬆了，開心地手舞足蹈，如釋重負。

我寫的每一句話都包含著「指令」，以前都是以口頭的方式告訴他們，如「開啟窗戶」、「走過來」等。他們從閱讀這些簡單的指令開始，最終發展到可以閱讀包含複雜指令的長句。

第十九章　觀察與發現

　　但是，孩子們似乎只是把寫字理解為一種表達方式或一種語言形式，直接代替口頭語言將所要表達的話從一個人傳達給另一個人。在接待來訪者時，孩子們以前會大聲地表達自己的熱情，但是自從學會寫字後，他們就開始保持沉默，起身在黑板上寫出「請坐」、「謝謝您的來訪」等歡迎詞。

　　有一天，我們在談論西西里島上發生的一場災難性的地震，這場災難徹底摧毀了墨西拿城，造成數千人死亡。一個5歲左右的孩子站了起來，走到黑板前，開始寫：「對不起……」我們看著他，期待著他能對所發生的一切表達悲傷。他接著寫：「抱歉，我只是個孩子。」我們對此疑惑不解，但小傢伙接著寫：「如果我是大人，我就會去幫忙。」他寫了一篇短文，文字間透露出他善良的天性。這種天性與家境無關，他並非富有人家的孩子，他的母親在街上賣草藥，只能保證溫飽而已。

　　除此之外，我們還發現了另一個驚喜。當時，我們開始準備教材教孩子們學習拉丁字母，以便能夠用書本給孩子們上課。那時，孩子們已經開始閱讀在學校裡看到的所有印刷品，其中包含一些很難讀懂的材料，如哥德字型印刷的日曆。同時，一些家長也會跟我分享，孩子們走在街上時會停下來看商店的招牌，以至於無法和他們一起去散步。

　　顯而易見的，孩子們對辨認字母比對閱讀單字更感興趣，他們會辨識不同字型的單字，學會從詞義的角度來閱讀。這是一個直覺的過程，就像人們解讀岩石上刻的史前文字，在符號

中找到意義,這一過程證明文字已經被破譯了。

如果我們太急於向孩子們解釋這些印刷的文字,他們對閱讀的熱切興趣和探索欲望就會熄滅。過早地讓孩子閱讀書面文字,會產生負面影響,削弱他們的閱讀熱情,不利於他們的成長。因此,我們珍藏的那些書在櫥櫃裡閒置了很久。只有當孩子們具備了閱讀的意識後,我們才讓他們接觸這些書。這個過程開始的時候很有趣。

有一天,一個孩子興奮地來到學校,手裡握著一張皺巴巴的紙,告訴小朋友們一個祕密:「猜猜這個紙團裡有什麼?」「我看裡面什麼都沒有,只是一張撕破的紙。」「沒有,上面有故事。」「上面有故事?」這吸引了一群好奇的孩子。他們圍著一張從垃圾堆裡撿起的廢紙,開始讀上面的故事。

後來,他們明白了書的含義,書成了他們渴望的對象。但是,許多孩子發現有趣的內容後,會把那一頁撕下來帶走。那些可憐的書啊!孩子們發現了書的價值,卻在這個過程中對書本帶來傷害。

學校裡一貫平靜的秩序被打亂了,我們不得不制止那些因熱愛書本而變得具有破壞性的急切的小手。孩子們雖然學會了閱讀,卻沒有學會尊重書本。但值得高興的是,在我們的幫助下,孩子們學會了讀書寫字,能力等同於普通學校裡三年級的孩子。

第十九章　觀察與發現

生理影響

「兒童之家」成立後的一段時間裡，我們沒有採取任何措施來改善孩子們的健康狀況。但是現在，孩子們紅潤活潑的小臉上，已看不出營養不良、貧血、缺乏食物和醫療照顧的跡象，好像他們的身體透過呼吸新鮮空氣、經常晒太陽被治癒了。

事實上，心理不健康會影響新陳代謝，從而降低一個人的活力。反之亦然，正向的心理狀態會加快新陳代謝的速度，從而有助於生理健康。這些孩子身上發生的一切就是有力的證明。

現在，這一理念已經被人們普遍接受，我們的做法不會讓人留下太多印象。但是在當時，這一理念確實轟動一時。

人們開始談論「兒童之家」創造的「奇蹟」，關於這些孩子的報導像星星之火一樣蔓延開來，引發了媒體界熱烈的評論，甚至在書和小說中都有提及。儘管他們的描述很貼合實際，但又好像是在描述另一個不同的世界。

人們談及兒童心理的發現，甚至引用了孩子們的對話。英國作家還為此寫了一本關於這些孩子的書，叫做《全新的孩子》(*The New Children*)。許多人，特別是美國人，紛紛前來確認他們在書中讀過的內容的真偽。

第二十章　教育方法

　　我們在對這些事件和現象進行簡要描述後，又出現了一個新的問題。我們是用什麼樣的方法得到這樣的結果？這是一個相當重要的問題。

　　我們沒有現成的方法，而是需要觀察兒童，觀察那些不受規則約束，按照天性去發展的兒童。事實上我們所說的童年期的某些屬性完全與兒童的生活相契合，就像顏色屬於鳥，香味屬於花一樣，它們根本不是「教育方法」的產物，但教育可以透過保護和培養這些自然屬性來幫助兒童自然發展，從而對兒童產生影響。

　　培育新品種的花卉和教育兒童，兩者有相似之處。園藝家可以對植物進行適當的護理和修剪，以及研究改善花卉的氣味、顏色和其他自然屬性。

　　在「兒童之家」，我們能夠觀察到兒童自然的心理屬性，它並不像植物的生理屬性那麼明顯，並且這種精神活動非常穩定。所以如果生活環境對兒童不利，那麼兒童就不會表現出這種自然的心理屬性。因此，我們在制定任何教育方法之前，必須創造一個對兒童有利的環境，鼓勵兒童釋放天性。我們要做的

第二十章　教育方法

只是為兒童發展天性清除障礙，這應該是未來教育的基礎和出發點。

在這個過程中，我們首先要做的是發現孩子的真實天性，然後幫助他正常發展。如果我們研究那些有助於孩子展現自然天性的環境，我們就會發現有一些因素特別重要。

首先，我們要為兒童創設一個舒適的環境，放置他們需要的物品。例如，整潔的教室裡擺著嶄新的小桌子、小凳子和兒童專用的小扶手椅，院子裡的草地被太陽晒得暖洋洋的，這些環境對貧困家庭的兒童非常具有吸引力。

第二個對兒童發展有利的條件是成年人的中立態度。這些兒童的父母是文盲，教師是一些沒有野心、沒有成見的普通勞動女性，這都有利於他們對兒童的教育保持一種理性中立的心態。

一直以來，人們都認為教師必須保持冷靜，但這種冷靜通常被認為是一種人格特徵，典型特徵是內心平靜。但是，我們這裡提到的平靜更為深刻，是一種空白或者沒有偏見的狀態，是內心澄澈的泉源。這種平靜的心態，包含著理解孩子所必需具備的謙遜態度和單純思想。可以說，教育工作者都需要這種心態。

除此之外，教育還有一個重要前提，那就是兒童能得到學習所需的特殊教材。這些教材可以吸引兒童的注意，幫助其完善感知，分析和促進其自身的發展。這些教材還教兒童如何集

中精力,這是任何口頭教育都做不到的。

從中我們可以看出,兒童的成長需要一個適宜的生存環境,即一位平和謙遜的教師以及符合他們需要的學習教材。

我們接下來會描述一些兒童對這些外部影響的反應行為。其中最引人關注的是,兒童需要手與大腦的相互協調來完成複雜的活動,就像是用一根魔杖開啟通往兒童天賦的大門。這就產生了更深入內心的活動,比如「重複練習」和「自由選擇」,這才是兒童內心的真實表現。

我們看到他在學習過程中樂此不疲,因為這些活動就像是一種精神代謝,與他的生命和成長緊密相連。他熱情地參與各式各樣的考驗,比如安靜測試。他被某些可以激發他的榮譽感和正義感的課程吸引,急切地想要獲得發展心智的方法。但是,他不喜歡無關的東西,比如獎品、玩具和糖果。

兒童的行為進一步向我們表明,他需要秩序和紀律作為內心活動的鏡子。但是,他仍然是個孩子,精神飽滿、快樂、真誠、活潑。因為還是孩子,所以他會高興地喊叫和拍手,跑來跑去,大聲和別人打招呼;他也會慷慨道地謝,追著對方表達感激;他對每個人都很友善,欣賞他看到的一切,並使自己適應這一切。

我們可以列出他喜歡的事情,尤其是那些他自然而然表現出喜歡的事情,以及他認為浪費時間而拒絕的事情:

第二十章　教育方法

1. 他喜歡的東西

- 重複練習
- 自由選擇
- 控制誤差
- 分析動作
- 肅靜練習
- 良好的社交禮儀
- 環境中的秩序
- 注意個人衛生
- 感官訓練
- 寫字與閱讀的分離：先寫字，後閱讀
- 書本以外的閱讀
- 自由活動中的紀律

2. 他拒絕的東西

- 獎懲
- 拼寫
- 共同的課程
- 課程和考試

- 玩具和糖果
- 教師的講臺

當然，在列出的這些項目中，我們可以發現一個教育體系的概要。兒童為我們提供了有效的、正面的和經過檢驗的準則，有助於我們建立一個教育體系。在這個體系中，他們自發地做出選擇，本能地會防止他們出錯。

這些原則在我們的教育體系的後續發展中始終保持不變。類似於脊椎動物的胚胎上有一道長長的黑線，那是脊柱的雛形。這條黑線上還有一些斑點，會發育成連成脊柱的脊椎骨。整個胚胎最終將發育出頭部、軀幹、尾部三個部分。同樣，我們的教育體系也始終被一條主線貫穿，主線上的一些重要特徵就像脊椎骨一樣發展起來，整個教育體系最終將包含三個不同的部分，即環境、教師和孩子們使用的各種教材。

我們逐步追溯這個原始大綱的演變過程，會發現這是一件很有意思的事情。我們透過觀察，發現最初的理念如何發展為現代人類社會非常重要的概念。這種特殊教育方法的連續發展過程也可以視為一個演化的過程，因為所有的教育方法都源自兒童當時的生活環境。

此外，外界環境本身也很重要，它雖然是由成年人提供的，但實際上也是兒童對新的生活模式的積極的、重要的回應，這些新的生活模式體現了成長中的兒童的生活狀態。

第二十章　教育方法

我們的教育體系迅速地被各個種族和各種社會狀況下的教育工作者廣泛採用。這種快速而廣泛的傳播，為我們提供了大量的實驗資料，有助於我們確定教育的共性特徵和普遍趨勢，從而發現兒童教育應遵循的自然規律。

由原來的「兒童之家」發展起來的第一批學校特別有趣，因為它們保留了觀察兒童自發反應後再採取外部措施的做法。

我們在羅馬建立的第一所「兒童之家」就是一個明顯的例子，它的起源比我們建立的第一所「兒童之家」的情況還要特殊。因為它是為了照顧歷史上最嚴重的災難之一——墨西拿地震中的孤兒而建立的。在搜救過程中，志工在廢墟裡找到了60幾名孩子，沒有人知道他們的名字和社會關係。這些孩子在可怕的刺激下產生了創傷反應，表現為情緒沮喪、沉默、冷漠、很難進食和入睡、晚上經常哭泣。

義大利的王后對這些不幸的兒童產生了極大的同情，為他們建造了一所「兒童之家」。這裡有許多適用於兒童的漂亮家具、帶門的小櫥櫃、顏色鮮豔的矮圓桌、稍高一些的長方形桌子、凳子和扶手椅。窗戶上掛著彩色窗簾，牆上掛著畫，四周擺放著花瓶。孩子們有自己的小刀、叉子、勺子、盤子、餐巾紙，甚至還有適合他們小手使用的肥皂和毛巾，各種物品都是為他們量身打造的。

「兒童之家」建造在一所修道院內，那裡有寬敞的花園、平坦的小路、漂亮的金魚池和美麗的花壇。修女穿著灰色的袍

子，披著長長的莊嚴的面紗，安靜祥和地走來走去。在修女們的教導下，孩子們的舉止越發得體，越來越遵守禮儀規矩。

這裡還生活了許多貴族，他們回憶之前的生活方式，並把它們教給了那些渴望學習的孩子們。孩子們學會了像王子一樣優雅地吃飯，像藝術大師一樣布置餐桌。

儘管孩子們還是食慾不佳，但是他們渴望獲得新知識，並從這些活動中收穫樂趣。漸漸地，他們的食慾恢復了，入睡也變得容易，生理上有了令人驚訝的變化。人們可以看到孩子們跑來跑去、跳來跳去，會小心翼翼地將家具搬到花園裡的樹蔭下。這段時間裡，他們的臉上始終都洋溢著快樂和幸福。

此後，人們首次使用了「正常化」一詞。一位著名的義大利作家說：「這些孩子讓我想起了一些人。沒有什麼樣的轉變比戰勝憂鬱和沮喪，自我提升到更高的生活境界更神奇的了。」

儘管這個概念的表達似是而非，但讓人印象深刻。「正常化」似乎與天真無邪的童年狀態背道而馳，但這一術語強調的精神狀態影響下的外在表現卻讓人一目了然。孩子的改變正符合這種狀態，他們經歷了心理上的全新變化，從悲傷和遺棄中解脫出來，重獲幸福和快樂。

孩子們的內心曾充滿罪惡和傷痛，讓他們偏離了完善的心態，那麼「正常化」指的就是孩子們的狀態恢復正常，罪惡和悲傷被幸福和快樂打敗。

第二十章　教育方法

　　孩子們真的改變了。他們從悲傷轉為幸福，擺脫了心理創傷。而且，由此帶來的轉變遠非如此，其他一些負面狀態也會隨之消失。

　　這些孩子以令人驚訝的方式向我們證明，人們犯了錯就必須徹底改過自新，而這種更新以個體的創造效能量為泉源。

　　如果一個可憐的孩子來自幾乎沒有任何發展希望的環境，我們就不可能分辨出他真正的善與惡，因為在成年人心裡，所謂善惡的標準已經被事先決定了。要評估孩子的善與惡，需要看他對成年人生活條件的適應程度，反之亦然。而不是由於我們抱有的這種錯誤觀點，我們看不到孩子們的天性，也意識不到要怎麼做才有利於孩子的成長和發展。

第二十一章　嬌生慣養的兒童

　　富人家的孩子生活條件特殊，所以人們理所當然地認為，教育他們要比教育「兒童之家」裡的窮人或墨西拿的孤兒容易得多，但他們是如何「正常化」的呢？

　　來自富裕家庭的孩子們，雖然被社會提供的一切奢侈品包圍，似乎享受著諸多的特權。但是，從我們歐洲和美國的教師跟我分享的教學經驗來看，他們的教育觀念受到了富人家的孩子的抵制，這足以說明教育富家子弟有多困難。

　　富人家的孩子對那些讓窮孩子著迷的東西不感興趣，花園的小徑、美麗的鮮花和優美的環境吸引不了他們的注意力。其結果就是，教師對如何教好這些富家子弟感到茫然無措，因為他們不知道如何挑選滿足他們特殊需求的東西。如果是窮人家的孩子，他們通常會立即衝向我們提供的東西。可是富人家的孩子已經對精緻的玩具習以為常，很少會立刻對這些東西做出反應。

　　G小姐是美國一位教師，她從華盛頓寫信給我：「富人家的孩子會從別的孩子手中搶東西。如果我想給一個孩子看什麼，那麼其他孩子就會把手裡的東西丟到地上，然後吵吵鬧鬧地聚

第二十一章　嬌生慣養的兒童

在我身邊。當我介紹完一件東西後，他們都會去爭搶。這些孩子真正感興趣的不是這些物品，而是從一個物品換到另一個物品。他們不會在某一物品前逗留很久，甚至無法耐心地待在同一個地方。我給他們的東西，他們甚至碰都不碰就會丟開。很多時候，他們的行動漫無目的，只是在房間四處遊走，全然不顧自己造成的破壞。他們會撞倒桌子，把椅子弄翻，踩到我為他們準備的東西上。他們一下在這裡，一下又跑到那裡。有時他們會拿起某樣東西，然後又毫無理由地丟棄。」

D 小姐從巴黎寫信給我：「我必須承認，這樣的教學經歷令我非常沮喪。富人家的孩子在一項任務上最多只能專注幾分鐘。他們缺乏主動性和意志力，有時會像羊群一樣互相追逐。一個孩子拿起一樣東西時，其他孩子也會爭著搶。更有甚者，他們為了獲得想要的東西會在地上打滾，把桌椅弄翻。」

羅馬一所貴族學校的教師對此也有過簡要的描述：「我們最關心的問題就是紀律。但孩子們迷失了方向，拒絕接受指導。」

不過，後來的情況有所好轉。

G 小姐繼續講述她在華盛頓的經歷：「過了幾天，那些毫無章法的『旋轉粒子』（無序的孩子們）開始形成一個明確的形狀，似乎開始有了自己的方向。孩子們開始對那些他們原本不屑一顧的愚蠢玩具產生興趣，並由此開始獨立活動。一個孩子的注意力不會因另一個孩子轉移，他們各自追求感興趣的東西，全部注意力都集中在某一個物體上，不會被其他物體干擾。

「當孩子們發現了某一特殊物體,並自動產生了濃厚的興趣時,這象徵著這場教學的戰鬥終於勝利了。有時,孩子們的這種熱情來得毫無預兆。有一次,我想要激發一個孩子的興趣,幾乎試過了學校裡所有的物品,都未能獲得他的關注。後來,我偶然給他看了兩塊色板,一塊紅色,一塊藍色,不同的顏色竟然吸引了他的注意力。他立刻伸出手來,好像一直在焦急地等待它們的出現,並一下子就掌握了五種顏色。接下來的幾天裡,他竟然拿起了先前不屑一顧的物品,漸漸地對它們產生了興趣。

「還有一個孩子,他的注意力最初只能持續很短的時間。後來,他開始對物品最複雜的屬性之一『長度』產生了興趣,繼而結束了之前的混亂狀態,還學會了數數和簡單的加法。然後,他開始使用簡單的學習教材,對物品不同的屬性產生了系統性的興趣。」

由此可知,一旦孩子們發現自己的興趣所在,他們就會改變飄忽的心性,學會集中精力。

一位教師對兒童的人格覺醒做了如下描述:「有一對姐妹,妹妹3歲,姐姐5歲。妹妹性格並不獨立,什麼都模仿姐姐。如果姐姐有一支藍色的鉛筆,那妹妹也要有一支,否則就會不高興。如果姐姐吃了奶油麵包,妹妹就也要吃,諸如此類。妹妹對學校不感興趣,只是跟著姐姐,什麼事都模仿她。然而,有一天,她開始對紅色方塊感興趣,用它們蓋了一座塔,還重

第二十一章　嬌生慣養的兒童

複了很多次，完全忘記了姐姐的存在。這讓姐姐感到困惑，問她：『我在圍一個圈，妳為什麼要建一座塔？』從那一天開始，妹妹開始展示出自己的個性並逐步發展，不再是對姐姐的『簡單複製』。」

D小姐講述了一個4歲女孩的故事。小女孩端水時總會灑出來，哪怕杯子裡只有半杯水，因此，她總是逃避進行端水的任務。但是，當她成功地完成了另一項感興趣的任務後，她開始毫不費力地端起了一杯水，並全神貫注地送到正在畫水彩的同學們的面前，一滴也沒灑出來。

B教師來自澳洲，為我們講述了另一個非常有趣的案例。學校裡的一個小女孩，還不會說話，只能發出含糊的聲音。父母非常擔心，帶她去看醫生，檢查她智力發展是否有問題。有一天，小女孩對一個鑲嵌式的教具產生了興趣，花了很多時間把木製的圓柱體從洞裡塞進去再取出來。她懷著極大的興趣一遍又一遍地玩，還跑去對教師說：「快來看看吧！」

D小姐進一步報告：「聖誕節過後，班上發生了很大的變化。我沒有進行任何介入，班級裡就自發形成了有序的氛圍。孩子們似乎都在忙著做手頭的事情，不像以前那樣散漫。他們自發地走到櫥櫃那裡，從裡面拿出他們之前厭煩的那些物品。過去，他們僅憑一時興趣選擇物品，現在他們的選擇表現出內在的規則。孩子們創造了一種積極向上的氛圍，將精力集中在完成艱難的任務上，在克服困難中獲得了真正的滿足。這一努

力過程很寶貴，對他們的性格發展產生了立竿見影的效果，讓他們成了自己的主人。」

D小姐描述的另外一個例子也給我留下了深刻的印象：一個4歲半的孩子有著豐富、生動的想像力。成年人交給他某一個物體時，他不會注意到物體的形狀，但會立即對它進行人格化，把它設想為跟自己一樣的人，不停地跟他對話。但是，他卻無法將注意力集中於物體本身，他的思想游移不定，導致行動笨拙，甚至不會扣鈕扣。有一天，他身上突然出現了一個奇蹟，「他一次又一次地訓練，讓自己保持專注。我對他身上的變化感到驚訝」。

在我們還沒有探索出新的教育方法之前，「兒童之家」的教師就已經在反覆驗證上述經驗，而且結論基本上是一致的。我們發現，物質富足的孩子在生活中也會遇到很多坎坷，只是程度較輕一些。但是，物質的豐富彌補不了精神的貧瘠，這就解釋了這句話為何會在每個人心中產生深刻寓意：「哀慟的人有福了，因為他們必得安慰。」

所有人都被召喚起來，如果人們能夠克服困難，就是在響應這種召喚。因此，「正常化」現象會在兒童時期完成，是快速地有時甚至是在剎那間完成。我們需要用一些能夠吸引孩子的有趣任務來解釋，否則就無法講好一個轉化的例子。

孩子們以這種方式發生了各式各樣的轉變：活潑愛鬧的孩子冷靜了下來，內向安靜的孩子振作了精神。所有人都沿著清

第二十一章 嬌生慣養的兒童

晰明朗的道路前進,透過這種方式把內在能量開發出來,並進一步提升。

這些特定的收穫具有突變性的特點,預示著孩子接下來的發展。就像孩子長出第一顆牙,之後就會陸續長出其他牙齒;邁出第一步,之後就能一步一步學會走路;說出第一個字,之後就會慢慢學會說話。

目前,我們的學校遍布世界各地,說明兒童的**轉變**具有普遍性。兒童身上許多孩子氣的特徵逐漸消失,取而代之的是其他特徵。但是,值得注意的是,兒童在**轉變**的過程中,最初發生的錯誤可能會成為他心理活動中無數偏差的根源。

正常化

在兒童的轉變過程中,我們特別重視一種心理方法,它能讓兒童回歸正常。事實上,正常發展的兒童是一個早熟的聰明人,他學會了克制,過著平靜的生活,更喜歡有序的活動,而不是無所事事。我們從這個角度看待兒童時,把他的「轉變」稱為「正常化」會更恰當。

人的本性隱藏在自己的內心之中,而這種胎兒時期就已經被賦予的天性,必須得到認可並允許其成長。

但是,這樣的解釋與兒童轉變的表象並不衝突。成年人也

可能以同樣的方式發生轉變,但轉變的過程會更加困難,不能只視為對人性本質的簡單回歸。而在兒童身上,正常的心理特徵很容易發展,隨著心理發展漸漸成熟,所有那些偏離正常的特徵都會消失,就像隨著身體恢復健康,所有異常的病症都消失了一樣。

如果以這樣的視角觀察兒童,我們就會更加頻繁地意識到,即使是在惡劣的環境中,兒童正常化的過程也會自然地展開。人們有時意識不到正常化發展的跡象,也沒有對其提供幫助,因而會拒絕承認正常化的存在。但是,這些跡象不會消失,而會成為正常化發展的重要依據,貫穿整個發展過程,最終戰勝阻礙,直至圓滿實現。

我們甚至可以說,使兒童正常化得以發展的力量,就像老天的聲音,教會我們寬恕,不是七次,而是無數次。

在本性深處,兒童一再寬恕成年人,並努力讓自己在大人的壓制下茁壯成長,努力與這種壓制他正常發展的力量做著抗爭。

第二十一章 嬌生慣養的兒童

第二十二章　教師的心理準備

如果一個教師認為他僅僅透過學習就可以為教育使命做好準備，那他就大錯特錯了。教師首先要做的是正確地了解他的使命。

首先，教師教育兒童的方式是極其重要的，僅僅有理論知識是不夠的。我們應該秉持這樣一種觀點，即首先教師必須系統化地研究自己，由內而外地為教育事業做好準備。

教師還必須消除自己根深蒂固的缺陷，即那些實際上會阻礙他與兒童之間建立友好關係的缺陷。為了發現這些潛意識中的缺陷，我們需要一種特殊的指導，即讓自己學會站在他人的角度客觀地看待自己。

這相當於是在說，教師也必須接受教育，必須從研究自己的缺陷、錯誤開始，而不是過分關注「兒童的性格」，甚至以與生俱來的某些理由為由「糾正孩子的錯誤」。我們只有清除眼前的障礙，才能清晰地看到兒童的問題是什麼。

教師需要的這種內在準備與人們追求的「完美」截然不同。好的教師不必是完全沒有缺點和弱點的。但一個不斷追求內在完美的人，可能不會注意到自己身上阻礙他理解兒童的種種缺陷。

第二十二章　教師的心理準備

如果我們想成為一名優秀的教師，就必須接受教育，願意接受指導。正如醫生會提醒患者身上的病痛一樣，我們也要指出未來教師的不足之處，以免那些被忽視的缺陷妨礙他們的工作。例如，我們告訴他們：「憤怒是一種嚴重的錯誤，它能控制我們，阻礙我們理解孩子。」正如「錯不單行」，憤怒還會帶來傲慢，而且這一切都隱藏在善良的偽裝下。

我們可以用內外兩種不同的方法來克服我們的錯誤傾向。第一種方法是與已知的缺陷做對抗，第二種方法是抑制錯誤傾向的外在表現，讓外在表現遵守公認的行為準則，這能促使人反思並理解自身的錯誤。尊重他人的意見能使人戰勝驕傲；正直的環境能減少貪婪；抑制對他人的強烈反應能減少憤怒；堅持對社會秩序的維護能克服偏見；社會習俗能制約閒散的行為；增加獲得奢侈品的難度能減少揮霍的行為；滿足一個人對尊嚴的需求能消除他的嫉妒心理。所有這些外在因素都會對我們的內心活動產生持續而有益的影響。社會關係也有助於我們保持道德平衡。

然而，我們並沒有像服從上天那樣，單純地去順應社會的規則和壓力。如果我們能坦然承認自己犯的錯誤，就不會那麼容易因被別人指出或批評而產生恥辱感，但事實上，我們習慣於掩蓋自己的錯誤。而當我們的錯誤被別人指出以至於我們必須承認時，我們會本能地維護自尊，尋找各種藉口假裝我們的選擇不可避免。就像當我們沒有得到想要的東西時，我們會用

「反正我也不想要」來安慰自己,這個小小的謊言就足以證明上述心態的存在。

這是我們應對外部阻力時的本能反應,說明我們內心深處其實並沒有想著要改善自我,而是想要繼續與之對抗。這種對抗和其他對抗一樣,我們很快就會發現個人的努力是不夠的,我們還需要他人的幫助。那些有相同缺點的人會本能地互相幫助,在他們的結合中發現力量。

我們以高尚和偉大的責任為幌子掩蓋自己的缺點,正如戰爭時期,人們會把殺傷性武器粉飾為維護和平的手段一樣。我們對缺點的抵抗越強,就越容易找藉口。即使因自己的錯誤受到批評,我們也很容易為自己開脫。但實際上,我們並不是在為自己辯護,而是在為自己的錯誤辯護,用所謂的「美好」、「必要性」、「共同利益」等說辭掩飾錯誤。漸漸地,我們說服自己——我們心裡認定的真理明顯是錯誤的,於是這些真理每天都在變得更難被糾正。

教師,以及所有關心教育的人,都應該擺脫這種錯誤。他們應該努力擺脫由驕傲和憤怒帶來的低級錯誤,從真實的角度看問題。

憤怒是主要的問題,但它被傲慢掩蓋,因為傲慢看似賦予了人們某種尊嚴。但是憤怒是錯的,一旦出現就會受到他人的抵制。出於謹慎的天性,我們要控制憤怒。一個人若能成功地讓自己變得謙卑,那麼他最終也會為自己的憤怒感到羞愧。

第二十二章 教師的心理準備

而我們在和兒童打交道時情形則完全不同。兒童不了解我們的規則,無法保護自己免受我們的影響。他們接受我們告訴他們的一切,不僅會受到我們的傷害,還會在我們責怪他們時感到內疚。

教師應該經常反思兒童的困境。兒童的智力程度還不能理解自己遭遇的不公正,但他們會感覺到哪裡出了問題,變得沮喪和憂鬱。兒童面對成年人的惡意或無意識的傷害時,會表現出膽怯、撒謊、行為反常、無緣無故地哭泣、失眠和過度恐懼等行為,因為他無法理解自己憂鬱的原因。

原始的憤怒代表一定程度的身體暴力,但它也會以更微妙、更細緻的方式表達出來,掩蓋它的真實屬性。成年人對兒童的反抗感到憤怒,這是憤怒最簡單的表現形式,再加上在兒童無力表達自己時,成年人的這種憤怒很快就會與傲慢結合,發展為成年人對兒童的暴政。

霸道的成年人認為自己沒有必要跟孩子進行溝通,而用公認的權威在個人周圍築起一道堅不可摧的圍牆。成年人憑藉公認的對兒童的管教權來支配兒童,好像挑戰成年人的權威就等於攻擊一種神聖的權利。那麼,對於兒童來說,成年人就是神聖的存在。

成年人根本不會與兒童平等地商量,他們只會要求兒童保持沉默,順從且不要違抗自己的命令。如果兒童明確表現出某種抵抗,那也不是對成年人行為的直接或有意識的回應,而更

像是在保護自己內心世界的完整，或是對壓迫做出的無意識的反抗。

隨著時間的推移，兒童逐漸學會直接反抗這種暴政。但是，到了那時，成年人將學會用更微妙的手段贏過兒童，使兒童相信這種暴政是為了他好。

我們認為，兒童應該尊重長輩，但這不代表成年人有權審判甚至處罰孩子。成年人經常會為了自己的方便，誘導或壓制兒童的需求，而兒童的抗議則被認為是一種危險和不可容忍的反抗行為。

成年人對兒童採取專制的態度，像是古代君王向臣服者徵收貢品，但剝奪他們任何上訴的權利一樣。兒童覺得自己對大人有虧欠，就像臣民認為自己擁有的一切都是國王的恩賜一樣。但是，難道不應該是成年人要對這種專制的態度負責嗎？

成年人扮演了造物主的角色，傲慢地堅信自己可以對與孩子有關的一切事情負責，是他們讓孩子變得善良、虔誠、聰明，是他們讓孩子與周圍的環境和人接觸。為了使這套理論更加完善，成年人拒絕承認自己正在實施暴政。然而，難道會有任何一位暴君承認他曾經掠奪臣民嗎？

根據我們的教育體系，想要成為教師的人必須學會自我反省，並放棄這種專制心態。他必須消除自己心中的傲慢和憤怒，必須學會謙遜平和。這些是他必須獲得的美德，這種內在的準備將幫助他獲得內心的平靜。

第二十二章　教師的心理準備

　　但這種要求並不意味著我們必須完全放棄對兒童的評判，不意味著我們必須認同兒童做的一切，不意味著我們應該忽視兒童思想和感情的發展。相反地，教師永遠不應該忘記他是一名教師，他的使命是教育。只是我們需保持謙遜，剷除隱藏在心中的偏見。

　　我們不能壓制那些有助於我們教學的特質，但是，我們必須審視成年人應該特有的內在態度，因為它們可能會阻礙我們對孩子的理解。

第二十三章　偏差

根據經驗表明,「正常化」會導致兒童許多幼稚特質的消失,不僅是那些被人們認為是缺點的特質,如邋遢、叛逆、懶惰、貪婪、自私、吵鬧和激動,還有其他普遍被認為是優點的特質,如所謂的「創造性想像」,對故事的喜愛,對個人的依戀、順從等,還包括一些已經被科學研究和證實的童年特徵,如模仿、好奇、反覆無常和注意力不集中等。

這些孩子身上幼稚特徵的消失,說明至今人們還沒有真正了解孩子的本性。這一發現令人震驚,但並不完全是新出現的,因為從很早的時候起,人們就已經意識到了人的本性:這是天性,在出生時被賦予。人類因為墮落被剝奪了之前獲得的祝福,任由周圍環境和內心幻覺支配自己。這種學說可以幫助我們理解孩子的遭遇。

個體會被一些本身微小的東西誤導,這些東西往往以愛和幫助為藉口,在成年人無意識的利己主義中,對兒童產生糟糕的影響。不過,兒童身上有一個難以被破壞的發展計畫,所以他們能夠不斷獲得新生,按照計畫正常發展。兒童能夠回歸正常的自然狀態與一個特定的因素有關,那就是他專注於某種能

第二十三章　偏差

讓他接觸外部現實的活動。

我們可以由此得出結論：兒童的發展偏差都來自於同一個源頭，即他們成長過程中遭遇的不利環境，導致他們無法實現原始的發展計畫。因此，他們的潛能在「化身」的過程中得不到充分的發揮。

神遊

「化身」的概念可以作為解釋異常特徵的外在指標。心理能量必須在活動中實體化，這樣主體的人格才能統一。兒童由於受到成年人的支配，或在成年人所處的環境中缺乏動力，心理能量和活動的發展是切割的，人格也是分裂的。

自然界中沒有任何一種物質會被憑空創造或破壞，同樣地，兒童的心理能量若不按其應有的方式發展到一定程度，就會誤入歧途。當這些心理能量失去發展根基而漫無目地遊蕩時，通常會發生偏差。所以，為了避免偏差，個體的心理能量應該透過自發的身體活動來塑造自身，不能總是在幻想中逃避。

當游移不定的心靈找不到可以讓它發揮作用的載體時，就會被影像和符號所吸引。如果兒童出現這種心理問題，他便會不安地四處走動。他們充滿活力而且毫不壓抑自己，但一切行為都是毫無目的的。他們開始做某件事，卻總是半途而廢，因

為他們的能量同時指向許多不同的對象，卻不能安心於其中任何一個。

這些心理失調的兒童的行為異常且混亂，成年人無論是懲罰還是忍耐，實際上都是在支持和鼓勵兒童的幻想，並且把這種幻想解釋為兒童在發揮創造性。

福祿貝爾（Frobel）發明了許多遊戲，以鼓勵兒童以此發揮想像力。成年人也會支持兒童發展想像力，教兒童使用積木搭建東西，如馬、城堡、火車等。

兒童的想像力可以為任何物體賦予象徵意義，他們經常在頭腦中產生奇妙的幻想，如門把手變成了馬，椅子變成了王座，石頭變成了飛機。

兒童喜歡玩具，但玩具僅為兒童提供了一個沒有特定目標的環境，為兒童提供了創造幻想的載體，卻沒有為他們提供與現實世界的實際接觸。因此，玩具只能為兒童提供幻想，卻不能提供真實意義上的專注。這些玩具的作用就像是氣流激起隱藏在爐灰下的小火苗，能激起兒童的活動興趣。但是，火焰很快就會熄滅，玩具很快就被丟棄。然而，成年人還以為，玩具是成年人為兒童的自主活動找到的唯一出路，能燃起兒童的興趣，並相信兒童會從中找到樂趣。

即使兒童很容易厭倦玩具甚至將其摔壞，成年人的這種信念依然存在。成年人大肆揮霍地為兒童準備玩具，依然認為自己的行為仁慈且慷慨。

第二十三章 偏差

玩具是世界賦予兒童的唯一自由，但其實兒童應該在這個寶貴的時期為更好的現實生活奠定基礎。即便這種由玩具塑造出的「分裂」的孩子，在學校裡很有可能看上去很聰明，哪怕他行為混亂，不愛整潔，不遵守紀律。

我們應該為兒童提供幫助，使他們能夠更好地適應現實生活的環境，在這種環境中，兒童會立即投入某項任務。他們那些興奮的幻想和不安的動作消失了，開始平靜地面對現實，透過各種任務來完善自己。他們變成了正常的兒童，活動目標明確。他們的肢體成為了解和觀察周圍環境的工具，對知識的探索取代了散漫的好奇心。

精神分析學家以其卓越的洞察力，將想像力的異常發展和對遊戲的過度興趣描述為「精神的神遊」。

「神遊」是一種逃避，是個體試圖進入遊戲或幻想世界以逃避現實的心理反應。「神遊」中往往隱藏著一種分裂的能量，代表了個體潛意識中的防禦，想要逃離痛苦或危險，並將自身藏在面具之後。

心理障礙

教師發現，富有想像力的兒童在學習上的表現並不像人們期望的那樣優秀。相反的，他們成就甚少，甚至一事無成。儘

管如此，成年人也沒有懷疑孩子的心理發展產生了「分裂」，還是堅持認為這是因為這些兒童的注意力被轉移了，而有些人則會認為這是因為兒童強大的創造力不能用於解決實際問題。

事實上，被轉移注意力的兒童無法控制自己的思想發展到應有的智力上，這樣的兒童顯然不太聰明。他們傾向於沉溺在充滿幻想的精神世界裡，並且缺少面對生活的勇氣。

與正常兒童相比，這些兒童的平均智力水準較低。因為他們的能量被引導到了錯誤的方向。他們就像骨折的孩子，如果想要恢復健康，就需要得到特別的照顧。如果他們沒有得到適當的治療，以糾正心理障礙或促進智力成長，他們就會經常被欺負。我們需要明白，注意力是不能被強制轉移的，任何類似的嘗試都會引發心理上的反應。這與公認的兒童心理防禦機制（如倦怠和叛逆）不同，這是一種完全不受意志控制的心理防禦，會不自覺地阻礙兒童接受和理解外來的思想。這一現象被精神分析學家描述為「心理障礙」。

教師應該能夠發現此類問題的跡象，那就是擁有這類問題的兒童的心頭好像蒙上了一層紗，他們的反應越來越遲鈍。在這種防禦機制下，兒童的心理會無意識地說：「你說你的，但我不聽。你一直在重複，但我還是聽不進去。我還不能建立自己的世界，因為我忙著築起一堵牆把你擋在外面。」

這種長時間的防禦行為，會讓兒童表現得好像失去了天生的能力一樣。現在的問題已經不是兒童意願的問題。事實上，

第二十三章 偏差

教師會認為這種心理障礙下的兒童智力低於平均水準，他們無法完成某些類型的學習，如算術和拼寫。

即使兒童是聰明的，但是一旦有了此類心理障礙，他們就會厭惡不同類型的學習，甚至可能是所有類型的學習，這時他們就有可能被認為是智力低下。如果他們總是留級，就有可能被認為有智力障礙。通常，心理障礙並不是兒童發展的唯一阻力，其外圍還有一種防禦機制，被精神分析學家稱為「厭惡」。剛開始，兒童只是反感特定的一門學科，然後發展為厭惡所有學科，再然後厭惡學校、教師和同伴。最終，當愛和溫暖不復存在時，兒童會害怕上學，遠離學校。

很多時候，個體在童年時形成的心理障礙，會對他的一生產生影響。例如，許多人一生都討厭數學，不僅無法理解數學知識，而且一提到它就會產生一種心理障礙，既擔憂又排斥。面對其他科目他們也可能發生同樣的情況。

我曾經認識一位年輕女子，她很聰明，有不錯的教育背景，卻在拼寫上遇到了難以想像的困難。她試著彌補這一缺陷，但每次嘗試都失敗了，拼寫的難度似乎也隨著實踐而成倍增加，最後她連閱讀經典著作都無法做到。但是有一天，我驚訝地看到她寫的字漂亮又準確。這個例子我們在這裡暫不詳談。但很明顯的是，她一定知道如何正確地表達，只不過某種神祕的力量封存了這種能力，讓她的表現接連出了問題。

治癒

人們可能會提出這樣的問題:「神遊」和心理障礙哪一種偏差更嚴重?在正常的學校裡,「神遊」與逃避到遊戲或幻想裡有關,比較容易被治癒。這就像是一個人逃離了一個地方,是因為他在這個地方沒有找到他需要的東西,而如果他逃離的那個環境發生了變化,他就會折返回來。

事實上,偏離正軌的暴力兒童的迅速轉變,是我們在學校中經常看到的現象。他們似乎快速地從一個遙遠的地方回來了,不僅混亂的生活習慣有所改變,而且透過獲得平靜和滿足產生了更深層的變化,偏差的行為也自動消失了,這預示著兒童經歷了一種自然的轉變。然而,如果他不能擺脫偏差,那麼這些偏差可能會伴隨他的一生。事實上,許多成年人也有豐富的想像力,但其實他們對周圍的環境只有模糊的感覺,並被他們的感官印象支配。這類人以想像力豐富而聞名,他們缺乏秩序,但很欣賞燈光、天空、色彩、花朵、風景、音樂,他們的人生感傷而浪漫。

他們欣賞星星的光亮,但不確定自己是否真的喜歡星光。因為星星的光亮不足以讓他們維持足夠長時間的注意力,獲得基本的天文學知識。他們有藝術天賦,但缺乏毅力,難以培養出技巧,最後一無所獲。通常,他們不知道自己該做些什麼,不能使自己安靜下來,也不能進行工作。他們緊張地觸碰一切物

第二十三章　偏差

品,經常把東西弄壞,他們心不在焉地摘下喜歡的鮮花,卻不能好好地欣賞。他們不知道如何發現世界上的美,也不能創造美,不能使自己的生活幸福。

如果沒有他人的幫助,他們就會迷失自我,把自己的失敗和天生的弱點視為正常。這些缺陷可能會發展成嚴重的精神疾病,而這些缺陷的根源則發生在童年早期,此後兒童將面臨一條布滿障礙的道路,最容易出現錯亂的行為,發生難以察覺的偏差。

另一方面,在很小的孩子身上,心理障礙也是很難克服的。這種心理障礙讓兒童在內心築起了一道高牆,他們將心靈封鎖,隔離外界一切美好的事物,而這些美好的事物可能是兒童獲得幸福的泉源。

追求知識、探索科學和數學的奧祕、感受音樂的迷人魅力等,都會成為一個自我孤立的人的「天敵」。更甚者,自我孤立的人的自然能量會由此被引入歧途,以至於他們將處於黑暗之中,隱藏一切可能的興趣和愛。而這種情況下,學習只會讓兒童感到厭倦,對這個世界產生反感,而不能讓他們做好立足於這個世界的準備。

「障礙」是一個極具暗示意義的詞語。這讓我們想起了在真正了解健康衛生知識之前用來抵禦疾病的方法。當時人們避免接觸新鮮空氣、水和陽光,把自己關在不透光的牆後面。無論白天還是黑夜,人們都緊閉窗戶,儘管窗戶本就很小,且十分

不通風。他們把自己包裹在厚厚的衣服裡，一層一層的像洋蔥一樣，就是為了避免讓皮膚接觸空氣。這樣一來，他們所處的自然環境確實成了防禦疾病入侵的屏障。

社會中的某些現象也讓我們想到了障礙。為什麼人們會把自己孤立起來？為什麼有的家庭會把自己封閉起來，疏遠和敵對其他群體？此類家庭的獨處不是為了在自己的小圈子裡尋找樂趣，而是為了將自己與他人隔離開來。他們築起心靈的圍牆，不是為了呵護愛，而是為了建立一道封閉的防禦，比居所的牆壁還要堅固，讓旁人難以踰越。而這才是把人劃分出等級和族群的真正障礙。

建立國家壁壘不是為了將一個統一的、同種族的群體與另一個群體隔離開來，並為其提供自由和保護。相反的，這種對孤立和防衛的渴望強化了國家和民族之間已存在的障礙，阻礙了不同國家之間的人或物的交流。

但是，如果文明是透過物質和思想的相互交流發展起來的，那麼這種信任的缺失會產生怎樣的後果？難道就連國家也要遭受苦難和暴力造成的心理障礙嗎？痛苦和悲傷已經變得如此系統化、如此強烈，以至於各個國家的生活都已經倒退到可怕並根深蒂固的障礙後面。

第二十三章 偏差

依戀

有些兒童天性畏縮,他們的精神能量太微弱,無法抵禦成年人的影響。相反的,他們選擇依附於成年人,而成年人傾向於代替兒童完成任務,因此這些兒童變得極度依賴他人。

儘管這些兒童自己並沒有意識到,但是他們確實缺乏活力,很容易哭泣;他們看上去敏感而憂鬱,抱怨周圍的一切,總是一副受苦受難的樣子;他們總是感到無聊,並求助於成年人,因為他們無法擺脫無聊的壓迫;他們緊緊地依附他人,就像生命依賴於他人而存在;他們向成年人求助,要成年人陪他們玩耍、講故事、唱歌給他們聽,最好永遠不要離開他們。

成年人被這樣的孩子奴役著,儘管雙方似乎對彼此都有著深刻的理解和感情,但他們卻掙脫不出這種矛盾的關係。這樣的孩子總是問「為什麼」,看似是在渴望知識。但是如果仔細觀察,我們就會注意到他們並沒有傾聽我們給出的答案,只是在不斷地重複提問。這些看似熱切的好奇心,實際上是一種將他們需要的支持者留在身邊的手段。

他們很容易放棄自己的活動,而聽從成年人的安排,因為成年人很容易用自我的意志取代這些溫順的兒童的意志。但是,這裡也有一個嚴重的危險,那就是這種取代會導致兒童陷入一種冷漠的狀態,表現出怠惰或懶散。但成年人對這種情況很滿意,因為這樣一來,兒童就不會妨礙自己的活動。但是,

這只會強化兒童的偏差行為。

懶惰實際上是一種精神疾病,對於個體的危害等同於患上嚴重的生理疾病,是生命力和創造力衰退的外在表現。

成年人沒有意識到這一點時,會為兒童提供不必要的幫助,或藉助催眠的作用代替兒童自身的行為,阻礙兒童的心理發展。

占有慾

幼兒和正常兒童都有發揮各種能力的天然傾向。他們深深愛著周圍的環境,而不是漠不關心。就像飢餓的人在尋找食物,這種滿足生理需求的渴望並非是理性的產物。因為正如我們不會解釋:「我已經很久沒有吃東西了,如果不吃東西,就沒有力氣,甚至活不下去。因此,我必須補充一些營養。」

飢餓會讓人產生難以抗拒的痛苦,驅使我們尋找食物。兒童對環境的渴求與對食物的渴望類似,他們急於尋找能夠滋養精神的東西,在活動中汲取營養。

新生兒會有一種「汲取精神營養」的動力。這種動力,這種對環境的愛,是他們與生俱來的。但如果說兒童對自己所處的環境充滿了激情,這種說法是有問題的,因為激情是一種衝動和短暫的東西。相反的,兒童對環境的熱愛,應該被描述為一種「重要感受」,是促使他們不斷地參與活動的動力。這種由孩

第二十三章　偏差

子們的熱情產生的動力，就類似於氧氣在體內產生的能量。

活躍的兒童會給人一種他生活在一個適宜環境中的印象，也就是說，他生活在一個有助於自我實現的環境中。如果沒有這樣的環境，兒童的心理就不能得到正常發展，會變得脆弱、扭曲，漸漸與外部世界隔離。這樣的兒童會糾結、任性、不合群，感到生活很無助、無聊且枯燥。

如果兒童找不到任何有助於他發展的外部刺激和活動，他就只會被「東西本身」吸引，並渴望占有它們。兒童要獲得並擁有某一事物並不困難，只需要很少的知識和愛，但結果是他們的精力被轉移了。這樣的兒童看到一隻金錶就會說：「我要！」儘管他還不會看錶面上的時間。但是另一個孩子會馬上喊：「不行，我也要！」他們會爭執，最後可能會毀了手錶。這兩個兒童的互相競爭，會摧毀他們都想要擁有的東西。

所有的道德偏差都是從這一步開始的，即在愛和占有之間首選什麼，兒童一旦做出選擇就會沿著兩條截然不同的道路中的一條前進。

兒童的天性就像章魚的觸手一樣，抓住並摧毀他熱切渴望的東西。而占有慾使他執著於獲得某種東西，然後像保護生命一樣保護他的所有物。強壯而活躍的孩子會與其他孩子爭奪，保衛他的私有物。他們彼此爭奪共同想要的東西，但這種爭吵會傷害感情，引起痛苦的心理反應。這提醒我們，千萬不能對孩子的衝突掉以輕心。

這一特點看似在兒童身上有點不協調，但是有光明的地方就有黑暗。他們之所以會這樣，是因為自然能量被轉移到了其他地方。他們的占有慾源於內心的邪惡，而不是外在的事物。

作為道德教育的一部分，我們教導孩子不要過於重視物質。這一教育的基礎是尊重他人的財產。但當兒童發展到這個程度時，他就已經跨過了將他與更深層次的內心活動分隔開來的橋梁，這就是為什麼他急切地尋求外在的物質。

兒童被這種欲望滲透得如此之深，以至於它成為孩子天性的一部分。

性情孤僻的兒童也會把注意力轉移到沒有價值的物品上，但是，這些兒童獲取東西的方式不一樣。他們沒有爭奪，通常也不會主動與其他人競爭。他們更傾向於像收藏家一樣收集東西，但是，他們的收藏品並沒有分門別類，總是種類雜多、彼此無關。這種行為常常在精神有問題的成年人身上出現。反常的兒童也會經常在口袋裡塞滿無用和雜亂的東西，他們都有一種非理性的收藏狂熱。性格軟弱、退縮的兒童也會進行類似的活動，但他們收集東西的癖好被認為是完全正常的。如果有人試圖拿走這些兒童的收藏品，他們就會盡最大的努力保護自己的所有物。

心理學家阿德勒（Alfred Adler）對兒童的這種收集癖好做了一個有趣的解釋。他認為，與成年人的貪婪相比較，兒童收藏狂熱的源頭在嬰兒期。一個人會對許多事物存在依戀，即使這

第二十三章　偏差

些事物對他來說毫無用處，但他也不願放棄，這就像是一種致命的毒藥，會破壞他內在的基本平衡。

家長很高興看到孩子保護自己的財產，他們認為這是人的本性，也是進入社會的必要。事實是，普通人能認知和理解的收藏行為，就是發生在占有慾強的孩子和收藏家身上的這種。

權力慾

兒童身上另一個與占有慾相關的反常特徵是對權力的渴望。這種渴望源自本能，本能中有一種力量可以支配環境，從而使個體透過對環境的熱愛獲得對外部世界的占有。但當這種力量不再是心理發展的自然結果，而淪為貪婪時，它就會偏離正軌。

偏離正軌的兒童發現自己身邊的人是一個成年人，這個成年人能支配一切，極其強大。這時兒童意識到，他可以利用成年人的強大壯大自己的力量，來獲得遠遠超過透過自己努力而得到的力量。兒童完全能夠理解這樣的操作過程，他們會一點一點被這種想法浸染，最終認為這是非常正常的事情。這也是兒童慣用的一個伎倆。

弱小無助的孩子，一旦發現自己可以利用另一個強大的個體，就會自然而然地選擇依靠大人，提出一些成年人認為不合

理的要求。事實上，兒童的欲望是無限的。對一個有想像力的兒童來說，成年人幾乎無所不能，可以幫助他實現多樣而善變的願望。

這種態度在童話故事中有充分的體現，童話故事之所以對兒童具有如此大的吸引力，就是因為他們在這些奇妙的故事中感受到了自身隱晦的欲望以及由此帶來的愉悅。童話裡的人擁有了精靈，就可以獲得遠遠超過人類力量的財富和幸福。仙女有的好，有的壞，有的美麗，有的醜陋，有的像祖母一樣年老色衰，有的像母親一樣年輕美麗，有的生活在貧民窟，有的生活在富人區，有的住在森林裡，有的住在宮殿裡。這些仙女有的衣衫襤褸，有的衣著光鮮。

仙女是兒童想像力的投射，他們會根據母親的形象想像出仙女的樣子，因此，不管是哪一種仙女，都會寵愛自己的孩子。

成年人無論高矮，與兒童相比，總歸是一個強大的人。兒童被自己的幻想沖昏頭，開始剝削起成年人來。起初，成年人很高興看到自己能為兒童帶來快樂，但是他們最終會發現自己對兒童的讓步會給自己帶來很大的痛苦。成年人現在還只是在幫兒童洗手，但是以後會為此付出更大的代價。

在最初的勝利之後，兒童急於尋找更多的剝削機會。就這樣，成年人付出得越多，孩子們的渴望就越強烈。最終，成年人為了滿足兒童的欲望而製造出的童話般的幻覺，會化為自身的痛苦。

第二十三章　偏差

　　由於物質世界是極其有限的，而想像力卻可以在無限的空間裡遊蕩，所以兩者最終只能發展為衝突和激烈的對抗。兒童的突發奇想成為成年人的災難，這時他們才突然醒悟：「我把孩子寵壞了。」

　　溫順的兒童也有征服成年人的方式，他們會用愛、眼淚、懇求、憂鬱的眼神，甚至天生的魅力獲勝。成年人可能會因此而屈服，持續付出直到一無所有，最終導致兒童出現各式各樣的偏差行為，陷入一種痛苦的狀態裡。這時，成年人才會清醒過來，意識到自身的行為是兒童缺陷的根源，於是便開始四處尋找糾正的辦法。

　　但我們知道，沒有什麼方法能糾正孩子的奇怪念頭，勸誡和懲罰都是無效的。這就像我們命令一個發燒到頭腦不清醒的孩子馬上恢復健康，並威脅說如果體溫不下降就要揍他一樣。所以，成年人向兒童屈服時，並不是寵愛他，而是妨礙他的成長，使他偏離自然發展的正軌。

自卑情結

　　成年人會表現出對孩子的蔑視，然而他們自己卻沒有意識到這一點。

　　一位父親可能相信自己的孩子是完美的，但他大概是出於

自戀和對未來的希望才這麼想的,事實上他的內心深處會有一種隱祕的衝動使他認為自己的孩子是「空洞的」和「邪惡的」,需要他進行糾正。這種模稜兩可的態度構成了成年人對孩子的蔑視,他們把弱小的孩子視為自己的所有物,隨意對待。成年人認為在孩子面前全然展示自己的性格特徵沒有什麼不對,而在其他成年人面前他則會不好意思這樣做。

在家的圍牆內,他將貪婪和暴政偽裝成父親的權威,不斷擊碎孩子的自我。例如,如果成年人看到孩子拿著一杯水,就會擔心杯子被打碎,當他有這種意識時,他的貪婪心理使他把杯子當作一件寶物,並把它從孩子手裡奪走。哪怕這個成年人非常富有,並且一心想為孩子累積更多的財富。但是現在,他認為杯子比孩子的活動更有價值,並試圖阻止杯子被孩子打碎。他心裡想:「為什麼孩子要那樣放杯子?就不能按照我的意思來做嗎?」

當然,成年人也樂意為孩子做出任何犧牲。他希望看到孩子的成功,希望看到他成為一個有名有勢的人。但此時此刻,他被一種專制、暴虐的衝動所左右,這種衝動浪費他的精力去保護了一個毫無價值的物品。事實上,如果僕人也這樣拿杯子,父親只會微笑。如果客人打破了杯子,他可能立刻安慰說杯子不重要,只是一個意外而已。

因此,孩子在持續的挫敗感中注意到,他是家裡唯一一個被認為不可靠、不斷惹麻煩的人。因此,他開始看輕自己,認

第二十三章 偏差

為自己還不如那些被禁止觸碰的物品重要。但我們需要知道的是，如果兒童想要獲得心理上的發展，不僅需要接觸各式各樣的物品，而且必須以一種理性和一貫的方式使用這些物品。這對他的人格發展至關重要。

成年人已經不再關注日常生活中的這些普通行為，因為那已經成為他生活方式的一部分。成年人早晨起床時，習慣性地知道該做什麼，並把這些日常行為當作世界上最簡單的事情來做。他的行為模式幾乎是自動的，跟呼吸或心跳一樣自然。

但是，兒童的行為還沒有養成習慣，還沒有機會形成一個連續的行為序列。如果孩子在玩耍時，大人打斷他，替他換好衣服，帶他出去散步。或者，母親的朋友來訪時，孩子可能正在做自己的事，比如往桶子裡裝石頭，然後孩子的行動就會被打斷，並被帶到訪客面前。成年人不斷地打斷孩子的行為方式，闖入他的生活，在指導孩子的生活時，卻從不徵求孩子本人的意見。

成年人從不考慮孩子的感受，這會讓孩子覺得自己的活動毫無價值。而孩子可能會看到，成年人之間講話時，即使對方是一個僕人，在打斷對方講話時，他也會說「如果你願意」或「如果你可以」。因此，孩子覺得自己與其他人不同，低人一等，他必須服從於大人的一切指令。

正如我們已經指出的，兒童心中已經把所有的一切都提前規劃好了，這對兒童的發展至關重要。總有一天，成年人會向

兒童解釋，他要對自己的行為負責。這種負責取決於對各種行為之間的連結的透澈理解，和對其意義的正常判斷。但是，這樣成長起來的兒童只會覺得自己的每一個行為都微不足道。

父親感到悲哀的是，未能在孩子身上喚起責任感和自制力，但其實正是他摧毀了孩子的行為連續性和自尊心。如今孩子內心深處暗藏著一股自卑感和無能感，然而，在任何人對這一失敗的結果負責之前，他必須確信自己是自身行為的主人，要對自己有信心。

兒童氣餒心理的最大來源是堅信自己做不到某事。就像如果癱瘓的人的對手是健全的人，那麼他根本就不想參加比賽，而普通人也不願意在拳擊場上遇到職業拳擊手。個體在接受考驗之前，那種無能的感覺已經成為他努力的阻礙了。

成年人不斷羞辱兒童，讓他意識到自己的弱點，從而抑制了兒童行動的意圖。而且，成年人不但會阻礙孩子的活動，還總會對孩子灌輸「你做不到，即使再試也沒用」的錯誤思想，如果成年人更無禮一點，他甚至會說：「你在做什麼？難道你不知道你做不到嗎？」這樣的做法不僅會妨礙兒童的活動，還會干擾兒童行為的連續性，並且這是對兒童人格的侮辱。

這使孩子相信，不僅他的行為毫無價值，而且他是一個無助和無能的人。這種信念導致了孩子氣餒和自卑的心理。

如果一個比我們強大的人阻止我們做想做的事，我們至少可以假設，還會有一個比我們弱小的人支持我們做想做的事。

第二十三章　偏差

但是，如果成年人說服一個孩子，他的無能在於自身，那麼這個孩子就會生活在陰影中，陷入冷漠和恐懼的狀態裡。這種情況下，兒童會形成一種被稱為「自卑情結」的內在障礙，這種情結固著在他身上，讓他的內心產生無能感和自卑感，並且使兒童不斷捲入日常生活的衝突中。

怯懦的孩子，伴隨著自卑情結，會在做決定時猶豫不決，在困難或批評面前退縮，經常流淚，陷入痛苦的狀態裡。相反的，「正常」的孩子最顯著的特點便是自信和堅定。就像聖洛倫索區的小男孩告訴失望的來訪者，即使教師因為假期不在學校，他們也可以開啟教室正常活動，表現出了一種全面平衡的人格。這種人格不是自負，而是富有潛在的發展可能。這個男孩知道他在做什麼，並完成了一系列必要的行為，但是他並不覺得自己做了什麼特別的事。

在義大利王后來探訪時，一個小男孩正在專心地用可移動的字母拼單字，王后停留在他身邊，讓他拼寫「義大利萬歲」。孩子聽到這個要求時，平靜地把已經用過的字母按順序放了回去，旁若無人一般。人們以為他可能會為了向王后表示敬意，暫停手中的動作，立刻完成女王的要求。但是，他沒有放棄他習慣的行為方式，在拼寫新單字之前，他必須把已經用過的字母放回原處。然後，他才拼出了「義大利萬歲」幾個字。這個小傢伙只有 4 歲，但實際上，他已經是一個能控制自己行為和情緒的小大人了，而且他對自己所處的環境感到安全。

恐懼

　　恐懼被認為是兒童的天性之一，實則是另一種形式的心理偏差。恐懼被理解為一種深深根植於孩子內心的情感障礙，完全不受周圍環境的影響。換言之，恐懼和害羞一樣，是兒童性格的一部分。有的兒童性格孤僻，似乎被籠罩在恐懼的氣氛中。也會有一些兒童勇敢、積極，常常勇敢地面對危險，但有時會受到神祕的、不合邏輯的、不可戰勝的恐懼的威脅，這些恐懼可能是他過去經歷過的深刻場景的產物。

　　孩子們可能害怕過馬路，害怕床下有貓，害怕看到母雞。這些恐懼心理就跟心理醫生在成年人身上看到的恐懼障礙一樣。在那些過度依賴成年人的兒童身上，這種恐懼障礙表現得更為明顯。成年人可以利用孩子的無知，用模糊的恐懼嚇唬他，讓他變得聽話。例如，他們會用可怕的影像描繪黑暗，加重孩子對黑暗的恐懼。這是成年人用來對付孩子的最糟糕的手段之一。相反的，任何能讓孩子接觸現實、感受和理解環境的事物，都會幫助他擺脫這種令人不安的恐懼。我們學校讓孩子正常化的第一個工作，就是消除這些潛意識的恐懼。

　　一個西班牙家庭裡有4個女孩，最小的女兒在我們的一所「兒童之家」裡上學。晚上有暴風雨時，只有她一個人不害怕。她會把姐姐們帶到父母的房間裡，在那裡姐姐們能得到父母的保護。逐漸地，姐姐們在受到這種奇怪恐懼的折磨時，她變成

第二十三章　偏差

了姐姐們的依靠。每當她們在黑暗中受到驚嚇時，她們會趕快去找妹妹幫她們克服焦慮。

「恐懼心理」不同於面對危險時自我保護的本能所引起的恐懼情緒。後一種類型的恐懼在兒童身上發生的機率低於成年人，不僅是因為兒童在遇到危險時的處理經驗比成人少，還因為兒童在面對危險時比成年人有更多的準備。

其實孩子們經常面臨危險，街頭的頑童會爬上行駛中的汽車或卡車偷東西，鄉下的孩子會爬樹、滑下陡坡、跳進海裡或河裡游泳。在很多案例中，兒童還會拯救同伴，或者至少是在試圖拯救同伴方面展現出了偉大的英雄主義。例如，美國加州的一家醫院發生火災，那裡有一個盲童病房，幾個視力正常的孩子雖然住在大樓的另一端，但還是衝過去幫助那些盲童。

我們幾乎每天都能在報紙或雜誌上看到年輕人表現出英雄主義的案例。人們可能會問，兒童回到正常狀態是否有利於發揮這種英雄主義傾向。在我們的「兒童之家」，沒有一個孩子有過英雄的壯舉，儘管他們偶爾表達過一些高尚的願望。通常，我們的孩子養成了一種「謹慎」的態度，使他們能夠避開危險，安全生活在一個充滿危險的環境裡。

他們可以在餐桌甚至廚房裡使用道具，可以用火柴生火，甚至可以放煙火，或者獨自站在水池旁，還可以橫穿城市街道。我們的孩子已經學會了如何控制自己的行為，避免魯莽行事。這使他們過上了更謹慎、更安寧的生活。因此，「正常化」

並不在於使兒童置身於危險之中，而在於使其獲得一種謹慎的態度，能夠意識和控制危險，從而與危險共處。

撒謊

心理偏差像茂盛植物的樹枝一樣向四面八方肆意生長，但它們都有一個共同的根源，只有在那裡才能發現「正常化」的祕密。教育者的一個常見錯誤，就是將這些偏差視為彼此獨立的存在。

在我們看來，兒童最嚴重的缺陷之一就是撒謊。撒謊是為心理披上掩飾的外衣，掩飾的內容就像櫥櫃裡的東西一樣五花八門。謊言有很多種，有正常的謊言，也有病態的謊言，每種都有獨特的含義。

早在19世紀，精神疾病醫生就對歇斯底里症（癔症）患者的強迫性謊言產生了興趣。在這些人身上，謊言在語言中的比例越來越大，以至於語言完全成了一套欺騙的系統。我們還得提醒大家注意少年法庭上兒童的謊言，以及被傳喚為證人的兒童的無意識的謊言。

人們往往會認為，兒童「心地單純」，是真理的代言人，但是，兒童也會真誠地說出一些似是而非的話，為人們帶來相當大的麻煩。對這一現象的進一步研究顯示，這些兒童確實在試

第二十三章　偏差

圖表達真相，撒謊是由於情緒放大帶來的心理混亂所致。

這種以謊言代替真理的做法，無論是經常發生，還是偶爾出現，都與兒童故意撒謊完全不同，後者是一種自我防禦。另外，還有一些謊言與自我防禦無關，是日常生活中正常兒童撒的謊。這些謊言有可能是因為孩子想敘述一些奇妙的事情，覺得若對事實進行加工可以增加被別人信任的樂趣。這樣講不是為了欺騙或謀取個人利益，而是用一種藝術形式包裝了事實而已，就像演員認同自己的角色一樣。例如，一些孩子告訴我，母親邀請客人一起吃飯時，會親自準備蔬菜汁，這種飲料美味而健康，客人誇讚說從未嘗過這樣特別的飲料。這個故事詳細而有趣，直到我讓孩子的母親告訴我如何準備飲料時，她說她從來沒有做過這種東西。我們用這樣一個例子說明，兒童的某些謊言純粹是創造力的體現，透過編造一個故事來表達他們的想像，別無他意。

還有些謊言與那些孩子因懶惰、對發現真相不感興趣而說出的謊言不同，甚至可能是嚴謹推理的產物。我曾經認識一個 5 歲的男孩，他被母親暫時送進寄宿學校就讀。負責照顧他們的女家庭教師非常稱職，也很喜歡這個孩子。但是，過了一段時間後，男孩開始向母親抱怨教師太嚴厲。母親去向校長詢問，校長的回覆讓她確信家庭教師愛她的孩子，也相信她經常向孩子表達這種關愛。當母親問兒子為什麼撒謊時，他回答說：「我不能說校長不好。」他不是不敢指責校長，而是受慣例的影響不能這樣做。這種

兒童在使自己適應環境時所表現出來的狡黠，更是數不勝數。

反觀那些弱小和退縮的孩子，他們在一時衝動下編造的謊言，並沒有經過深思熟慮，只是一種防禦性的反應。他們很單純，謊言都是即興的，因此漏洞也相當明顯。教師們反對兒童撒謊，但卻忽視了謊言背後的原因。這些謊言顯然是為了應對成年人的攻擊而採取的防禦措施，但這些兒童往往被大人視為軟弱的、厚臉皮的，做了他們這個年齡不該做的事情。

謊言其實是兒童時期出現的一種智力現象，隨著年齡的成長而變得有組織。它在人類社會中發揮重要作用，就像穿在身上的衣服一樣不可或缺，有時甚至可能是高貴的、美好的。

但是「兒童之家」的孩子放棄了這種扭曲的觀念，表現得自然而真誠。即使如此，撒謊這種偏差行為，也不會奇蹟般地消失。我們更需要改造而不是重塑兒童的行為，是用清晰的思路、自由的精神、與現實的接觸及對美好和高尚事物的積極興趣，為孩子的心理發展提供有利環境。

兒童的社會生活往往與一定的習俗有關，如果我們試圖糾正這些習俗，他們的社會就會陷入混亂。許多「兒童之家」的孩子升學到其他學校後，會被認為是無禮和叛逆的，僅僅因為他們比其他孩子真誠得多，還沒有學會對大環境的適應。但他們的教師不會承認這樣的真誠，普通學校的紀律和習俗，與整個社會的習俗一樣，充滿了欺騙。「兒童之家」的孩子們尤為珍貴的真誠，在他們眼裡卻成了打擾他人接受教育的因素。

第二十三章　偏差

　　精神分析學在人類心理學史上最傑出的貢獻之一，就是對潛意識偽裝的解釋。構成人類生活可怕結構的是成年人的虛偽，而不是孩子的幻想。它們就像是動物的皮毛或鳥類的羽毛，覆蓋、裝飾和保護隱藏在皮毛下面的東西。偽裝是一個人隱藏真實的情感，在內心建立謊言，這樣他就可以在一個與他天生感情相悖的世界裡生活或者生存。因為成年人明白，既然不可能持續地抵抗，那就讓心理適應周圍的環境吧。

　　成年人最顯著的偽裝之一就是對待孩子的虛偽。成年人為了自己的需求而犧牲了孩子的需求，但他拒絕承認這個事實，因為這是不能被大眾接受和容忍的。他說服自己，他是為了孩子的未來著想，是在行使一項理所當然的權利。但當孩子為自己辯護時，大人不會關注事實，而是判定孩子做的一切是叛逆和犯錯。在成年人的內心，真理和正義的聲音變得越來越微弱，取而代之的是一種錯誤的信念，即一個人正在依據自己的權利和義務謹慎行事。成年人的內心堅硬、冰冷、游移不定，會不惜打破所有的信念。

　　「我的心如磐石，我拍打它，手就會受傷。」但丁在地獄的深淵裡引入了壯麗的冰川的形象，在那裡，仇恨得到了庇護。

　　愛和恨是心靈的兩種狀態，可以用水的液態和固體形態做比較。掩飾一個人的真實感情是心理上的自我欺騙，是為了幫助個體適應社會整體性的偏差，但卻會逐漸將愛轉化為恨。這就是潛伏在潛意識深處的謊言的可怕之處。

第二十四章　對身體健康的影響

　　心理偏差帶來了各式各樣的表現，其中有一些表現看似與心理無關，因為它們影響的是生理功能。現代醫學已經深入研究並證實，許多生理問題都有心理根源，甚至某些看似與生理功能密切相關的缺陷，其最終根源也在於心理。例如，兒童中尤為常見的消化問題。強壯而活潑的兒童往往有一種難以控制的貪婪的飢餓感，但是他們的貪吃常常被視為「胃口好」，哪怕這一問題已經嚴重到生病，需要去看醫生的地步。

　　自古以來，一旦人們對食物的渴求超過身體所需，結果就會弊大於利。在這種渴望中，我們可以看到控制人吃東西的正常感覺的退化。這種感覺也決定了人體所需的食物量，這是所有動物的天性，它們是否正常是由自我保護的本能決定的。

　　事實上，這種本能有兩方面的作用：一是關注動物的生存環境，引導它避免危險，二是讓動物適度攝取食物。動物有一種本能，這種本能會引導它們吃該吃的食物，而且還在一定程度上引導它們吃對身體有益的食物。事實上，這是每一物種最顯著的特徵之一。不管吃多還是吃少，每一種動物都會按照本能的指導，適量地進食。

第二十四章　對身體健康的影響

只有人類才有貪食的惡習，這種惡習不僅導致個體飲食過量，而且會對身體造成傷害。因此，我們可以說，隨著心理偏差的出現，個人對自身保護和健康保障方面不再敏感。

這一現象可以在一個有心理偏差的兒童身上被發現，他會有飲食習慣上的失衡問題，容易被食物的外觀吸引，而實際上，食物只能透過味覺來判斷是否美味。兒童自我保護的本能、重要的內在力量都正在被削弱直到消失。

「兒童之家」的孩子在「正常化」的進程中最突出的一點是，那些從心理偏差中解脫出來並恢復正常的兒童失去了對食物的貪婪渴望，他們開始對適當的飲食和正確的用餐姿勢感興趣。吃飯時，兒童會花時間擺好餐巾紙、餐刀、餐叉和勺子，記住取用餐具的正確方法，還會幫助比自己小的孩子。甚至他們在一絲不苟地完成這些事情的過程中，面前的美味佳餚已經變涼了。有時有些孩子還會因為沒有成為餐桌上的小侍者而感到沮喪，只能悶悶不樂地完成更容易的任務，那就是吃飯。

食物和一個人的心理狀態之間的關係，可以從厭食兒童的態度中得到進一步的證明。他們對食物有一種明顯的，而且常常是無法克服的反感情緒。許多兒童都會拒絕吃某種東西，那種拒絕很強烈，甚至為家庭或寄宿學校帶來很大的麻煩。

這一點在為貧困、弱小兒童設立的機構中尤為突出，他們被期望在任何時候都能吃飽。

食慾匱乏的兒童的身體總會處於一種無法治癒的病態中。

但是，這種厭食不應與導致食慾減退的生理疾病混淆。相反的，這些兒童拒絕進食是因為他們的心理狀態，某些情況下還可能是由於防禦機制造成的。例如，兒童有自己獨特的進食節奏，拒絕遵循成年人的節奏。現在，兒科醫生已經意識到這一事實，並指出兒童沒有必要一次吃完所需要的食物，而是應該在相當長的一段時間裡斷斷續續地進食。

嬰兒在斷奶前也可能會這樣，他們在吃飽之前就會停下來休息一下，然後以一種緩慢、間歇的節奏進食。成年人強迫孩子加快進食速度，違背了兒童的天天性，會使他們產生進食障礙，開始拒絕吃東西。然而，在某些情況下，我們必須消除兒童這種特殊的防禦，必須尋找問題的根源。

有些孩子似乎天生食慾不振，臉色蒼白得可怕，也不喜歡到戶外，去陽光下、大海邊，即便接觸自然有助於幫助他們增加食慾。然而，我們如果仔細觀察一下，就會發現這些兒童身邊往往會有讓他們非常依戀、讓他們完全被支配的成年人。治癒這樣的兒童只有一種方法，那就是減少成年人對他們的壓抑，為他們提供一個能讓心理自由和活躍發展的環境。只有這樣，他們才能擺脫這種讓心靈扭曲的依戀。

個人的心理活動和生理現象之間看似無關，例如人們很熟悉的進食行為。事實上，暴飲暴食被列為「矇蔽心理」的惡習之一。

有趣的是，聖湯瑪斯‧阿奎那（St. Thomas Aquinas）準確地

第二十四章　對身體健康的影響

指出了貪食與智慧之間的關聯。他堅持認為，貪吃會使人的判斷力變遲鈍，會削弱人們對現實的認知。但與此相反的是，我們在兒童身上發現了截然不同的情形，那就是心理障礙導致了暴飲暴食。

精神分析理論間接地支持了我們的理念，即自我保護傾向會導致本能發展遲鈍。但是，現代科學以不同的方式對其做出解釋，並談到了「死亡本能」，它承認人有一種協助和促進死亡來臨的天性，並真的會加速死亡的到來，甚至達到自殺的地步。

個人可能會無可救藥地沉溺於酒精、鴉片和古柯鹼等物質，不再執著於生命和救贖，而是沉迷於死亡，並想結束自己的生命。但是，這一切難道不恰恰表明，保護個人的重要的內在情感已經消失了嗎？如果這種傾向與不可避免的死亡有關，那麼這種傾向就能在所有的生物身上找到。但事實並非如此，每一種心理偏差都會使人走上死亡之路，並導致他走向毀滅，而這種可怕的傾向在幼兒時期可能就已經以一種幾乎無法察覺的形式出現了。

疾病往往與心理有關，因為人的生理和心理生活是如此緊密地連繫在一起。異常的飲食行為為各種疾病開啟了大門。有時一個人看似生病了，但其實這只是想像中的疾病，其根源在心理上。

精神分析學為我們理解這些異常心理做出了重大貢獻，它表明一個人可以在疾病中找到庇護以抵抗某種心理障礙。這樣

的逃避行為並不是為了簡單的掌控，體溫升高和生理功能紊亂有時看起來很嚴重，但其實並不是真正的疾病。這些症狀是由於潛意識的精神障礙支配了生理節律。在這種疾病中，自我能從不愉快的情況或任務中解脫出來。

這種疾病抗拒所有的治療，只有當自我從它試圖逃避的條件中解脫出來時，疾病才會消失。與道德缺陷一樣，在許多疾病和病理狀態下，當兒童置身於自由的環境中生活和行動時，他就能恢復正常。

今天，許多兒科醫生承認「兒童之家」是健康之家，他們把那些患有功能性疾病卻又抗拒一般治療的兒童送到這裡，最終那些兒童獲得了驚人的治療效果。

第二十四章 對身體健康的影響

第二十五章　成年人和兒童之間的衝突

成年人和兒童之間的衝突產生的影響十分深遠,就像將石頭扔進平靜的湖面時蕩漾起無邊的波浪一樣。混亂由此開始,並朝著四面八方蔓延開來。

就像循著波浪的痕跡就會找到水波的源頭一樣,精神分析學家和醫生也能在檢查雙方的衝突的過程中發現問題的起源。但是,他們必須經歷漫長的探索以尋找精神疾病的根源。他們就像是尼羅河上的第一批探險家,跋涉數千英里,穿越神奇的大瀑布,到達尼羅河的源頭。

我們要探究人類靈魂的弱點和失敗的原因,就必須超越表面的原因,超越有意識的認知,抵達最初的源頭,即兒童的身心深處。但是,如果我們對人性的發展史感興趣,就必須往回看,因為它是從原始時代開始書寫的。

我們可以從幼年時期的清晰源頭開始,追尋生命的軌跡,因為那時的自我解放了天性,自由快速地前進,跨越一個個瀑布,直到水流不再洶湧。

如果說成年人的生理、心理和神經疾病可以追溯到兒童時期,那麼我們可以在兒童的生命早期注意到他們的症狀。此

第二十五章　成年人和兒童之間的衝突

外,我們最好記住,每一個明顯的大問題背後都會伴隨著無數的小問題,治癒疾病的人數比死於疾病的人數要多得多。如果生病代表個人抵抗力的崩潰,那麼同樣類型的其他失敗是可以預料到的。無數的細節都會導致個人的身心崩潰。

我們檢查飲用水的水質時,只需抽取一部分樣本即可。如果樣本顯示水被汙染了,那我們就可以推斷出水源也被汙染了。與之相似的,當我們看到許多人死於自己犯的錯誤時,我們可以推斷出人們都會犯一些基本的相似的錯誤。

這並不是一個全新的概念。就在我們的眼前,幾個世紀以來,無辜的兒童要承受成年人在兒童自然發展上所犯的錯誤導致的致命後果,這些錯誤可以從人類生活的基本衝突中找到根源,而且這些錯誤的後果還沒有得到足夠的重視。

第二十六章　學習是兒童的本能

在這些新發現被發現之前，兒童心理成長的規律完全是未知的。但現在看來，對「敏感期」的研究可能成為研究人的最重要的科學之一。

成長和發展的本質是兒童與環境之間關係的不斷親近。因為，除非兒童逐漸獨立，離開成年人，否則他的人格發展，或所謂的「自由」發展是不可能產生的。而這種成長是可以透過適當的環境來實現的，在這個環境中，兒童可以找到發展其自身各項功能的必要手段。

在嬰兒斷奶的過程中，我們也能發現類似的情況。斷奶後，成年人用穀物代替母乳，換言之，孩子不再從母親身上汲取營養，而是從環境中汲取營養。

我們在談論兒童逐步獲得自由的同時，如果不能考慮到為其提供能使其獨立的環境，那就是一種錯誤的思考方式。而我們準備這樣的環境，就像正確餵養孩子一樣，是需要經過仔細研究的。而當能照顧兒童心理需求的基本教育準則，已由兒童自己制定出來時，那麼這個準則已是清晰的，人們在教育孩子時可以遵循這個原則。

第二十六章　學習是兒童的本能

我們最重要的發現是，孩子能透過工作回到正常狀態。我們對全世界各族的兒童進行了大量的實驗，這些結果是我們在心理學和教育領域獲得的最確切的結論。

兒童渴望工作，這是一種至關重要的本能，因為個人需要透過工作來塑造自我，不工作就無法塑造個體的性格。工作是無法被代替的，情感和身體的健康也是無法被代替的。而相對地，如果這種工作的本能偏離正軌，無論是以他人為榜樣還是用懲罰的方式，都無法實現完全的補救。

一個人透過體力勞動來塑造自我，雙手是塑造人格的工具，表現出他的智力和意志，幫助他支配自身所處的環境。

兒童的行為證明，工作是人的本能，而且是人類這一物種特有的本能。

人們為什麼要工作呢？因為工作是巨大的滿足感、健康和生產力（對兒童來說也是如此）的源頭，而那些成年人卻認為勞動是一種硬性的要求，因而拒絕滿足勞動的天生需求。這可能是因為整個社會都在曲解勞動的動機。

人們對工作的深刻需求作為一種隱性特徵，仍然隱藏在人的內心深處，但是它已經在財產、權力、冷漠和依戀的渴望下偏離了正軌。在這種情況下，工作動機完全取決於外部環境，或是源自偏離的人們的相互競爭。因此，工作成為強迫性的勞動，反過來又將導致嚴重的精神障礙。這就是為什麼有時對成年人來說工作這件事看起來既辛苦又令人討厭。

但是，在有利的環境中，人們工作的願望是源自內心的自然衝動的。這樣一來，工作就有了完全不同的屬性，即使在成年人身上也是如此。這時，工作變成了一件讓人著迷和感到有趣的事情，會使一個人不斷超越自身。發明家和探險家的辛勞以及藝術家的創作過程是這一現象的有力證明。

當一個人投身於這樣的戰鬥中時，他就會再次擁有一種非凡的力量，能再次感受到這種天生的本能，使他能夠表達自己的個性。這種本能就像一股強大的溪流，從大地中湧出，為人類提供清泉，它是文明真正進步的泉源。因為人有工作的本能，所以人們透過工作讓生活環境得以完善。工作是人的屬性，而創造使生活更輕鬆舒適的環境的能力與文明進步直接相關。

在這樣的環境中，人們拋棄了自然的生活方式。但值得注意的是，我們創造的新環境不能稱為人工環境。它不是取代了自然，也許最好的描述方式就是超越自然。人們逐漸習慣於這種超越自然的秩序，以至於使其成為人類生活的重要元素之一。

自然史上，一個新物種的產生會經歷一個緩慢的演化過程。典型的例子是，兩棲動物從海洋生物到陸地生物的演化過程。而人類也從自然狀態開始，就逐漸為自己創造了一個超越自然的環境。

現在的人類不再簡單地遵從自然生活，而是充分地利用自然中已有的有形和無形的力量。人類並不是簡單地從一個重要

第二十六章　學習是兒童的本能

的環境過渡到另一個重要的環境,而是為自己建立了一個新的環境,現在又如此依賴這一環境,以至於離不開自己這樣奇妙的創造。

　　正是由於人的生命如此依賴於他人,人們才不能像其他生物一樣得到大自然的幫助。鳥類能在自然中找到現成的食物和築巢的材料,但是人類必須從他人那裡獲得他所需要的東西。我們都是相互依賴的,我們每個人都透過自己的努力為必須生活在其中的超自然環境做出貢獻。

　　即使人依賴於其他人,但他至少是自身存在的主宰者,能夠按照自己的意願去指揮和處理自我。他不會立即受到自然變遷的影響,而是與自然界隔絕,完全依賴於人類的變遷。那麼,如果周圍人的人格被扭曲,他的整個生命也將處於危險之中。

　　一個人的工作本能的最好證據,是工作和達到正常狀態之間的密切關聯。大自然敦促他創造一些東西,這將是他自身存在的證明,更達到了創造本身的目的。

　　事實上,人類也是自然和諧的一部分,所有生物都對世界和諧做出了貢獻,每個人都根據其特定的物種本能做出貢獻。珊瑚重建了被海浪不斷磨損的海岸,因此形成了島嶼和大陸。昆蟲把花粉從一朵花傳到另一朵花,從而使植物能夠繁殖下去。禿鷲和鬣狗會食用腐肉,清理地球上未被掩埋的動物屍體。有些動物負責清除世上的垃圾,而有些動物則生產蜂蜜、

蠟、絲綢等有用的東西。

地球上的生物就像大氣一樣環繞著地球，每個生物都依靠其他生物來維持自身的生命。事實上，現在覆蓋地球的生命被視為一個生物圈，每種生物不只是簡單地生存和保護自身的物種，而是為了地球生存而和諧地生活在一起。

動物的產出比起自身的實際需求要多上許多，這就產生了遠遠超過自然需求的盈餘。因此，他們可以被視為這個世界的工作者和自然法則的追隨者。人類是最優秀的工作者，但是也必須符合這些一般性的規律。而人類的特別之處在於，我們為自己建造了一個超自然的環境，因為我們豐富的產出顯然超越了簡單的存在，而屬於宇宙秩序。

人的工作的完美程度不是以個人的需求來評斷的，而是以支配工作本能的神祕法則來評斷的。由於成長過程中的致命的心理偏差，人們已經偏離了生活的目標。相應地，如果兒童要成為他應該成為的那種人，那麼他的發展必須與他自己的引導本能緊密地結合起來。因此，正常的教育應該引導兒童完成這種超越。

第二十六章 學習是兒童的本能

第二十七章　兩種不同的工作

　　雖然兒童和成年人應該相親相愛、和睦相處,但事實上雙方經常無法相互理解,他們總是處於矛盾之中。這種衝突產生了許多不同的問題,其中一些是顯而易見的,並且是相互關聯的。

　　成年人的生活是一項複雜而艱鉅的任務,為了滿足孩子的需求,使自己適應孩子的節奏和狀態,成年人越來越難以停下自己的工作。同時,成年人世界裡日益增加的複雜性和工作強度與兒童的世界並不協調。

　　與當代文明的特徵形成鮮明對比的是,我們可以喚起人們對人類簡單、和平的原始生活的記憶。在這樣的社會裡,兒童可以得到天然的庇護,能夠接觸到以和平、安寧的方式從事簡單工作的成年人。兒童被家養動物和其他能夠自由觸摸的東西包圍著,可以做自己的事而不必害怕成年人的指責,感到疲倦時還可以躺在樹蔭下睡覺。

　　所謂的現代文明讓兒童慢慢地遠離了這種非常自然的環境,現代的文明生活的一切都是有規則的、迅速的、有限的,加速的生活節奏或成年的生活狀態已經成為兒童的發展障礙,

第二十七章　兩種不同的工作

而且機器的出現也像旋風一樣捲走了兒童最後的棲身地和避難所。兒童不能再完成他應該完成的自然活動。

相當程度上，成年人對兒童無微不至的照料是為了保護他免於遇到威脅生存的危險，但這種危險現在恰恰來自成年人，且正在不斷加劇，對兒童的損害也日益嚴重。現在，兒童在這個世界裡就像是一個流放者，無助且被人奴役。沒有人想到為兒童創造一個合適的環境，也沒有人考慮過兒童對工作和活動的需求。

既然存在著兒童生活和成人生活兩種生活方式，那麼我們就該相信，存在著兩種截然不同的社會問題和兩種本質完全不同的工作。

成年人的工作

成年人有自己的任務要完成，那就是建立一個超自然的環境。這通常是一項社會性和集體性的工作，成年人必須用自己的智慧和努力，從事富有成效的工作。

個人在工作中必須遵循組織性的社會規範，為了達到共同的目的，人們還必須自願遵守這些規則。但是，除了當地文化傳統下約定俗成的規則之外，還有深植於工作本身的其他規則，這類規則對所有人和任何時代都是通用的。

所有生物都遵循的一條法則是勞動分工。對於人類來說，社會分工必不可少，因為人們不可能從事相同的生產勞動。

　　還有一條自然法則也與個人工作有關，即最小努力法則。根據這個法則，人們會用最少的能量消耗來獲得最大的生產力。這條法則極其重要，與其說它代表了一種做盡可能少的工作的願望，不如說它代表了一種想要用最少的努力完成盡可能多的工作的願望。在這一原則的支配下，人類不斷地改進機器，輔助人類勞動。

　　所有規則都是好的，即使它們並不總是適用於所有場合。由於個人可支配的物質資源極其有限，但每個人都想讓自己變得富裕，於是這一普遍的願望引發了競爭。最終，一場類似野獸間的求生之戰就發生了。

　　除了這些自然衝突之外，還有其他由個人問題引起的衝突，包括人們對財產的渴望，而不是對個人或物種的保護。因為這種渴望沒有自然起源，所以是無限發展的。

　　另一個問題是人們的占有慾，它支配著愛，而不是仇恨。當占有慾進入一個有組織的環境時，它不僅是個人工作的障礙，也是組織運作的障礙。因此，對他人工作的剝削取代了自然的勞動分工，在權利的幌子下，最終被確立為社會法則。這樣，偏差就會勝利，並發展成為人類生活和道德的一部分。在悲劇的烏雲之下，沒有人意識到一切都變得扭曲，所有人都認為衝突是不可避免的。

第二十七章　兩種不同的工作

　　兒童是生活在成年人世界中的自然人，他們會發現自己置身於一種陌生的氣氛中。他的社交活動與成年人無關，他的工作與生產對社會無益。我們可以看到，兒童根本無法參加成年人的社會勞動。如果我們把鐵匠用沉重的鐵錘敲打鐵砧視為典型的體力勞動，顯然兒童無法勝任這樣的勞動。如果我們把科學家使用精密儀器研究艱深課題視為典型的智力勞動，兒童顯然對此也毫無貢獻可言。我們甚至可能想到立法者擬定新的法律的過程中，兒童永遠無法取代在這些任務中的成年人的力量。

　　這個成年人組織而成的社會對兒童來說是完全陌生的。「兒童的王國」顯然不是「成年人的這個世界」。對於建立在自然環境之上的人造世界來說，兒童是個陌生人。

　　兒童降生到這個世界，不能適應這個社會，不能對社會生產做出貢獻，也不能影響社會結構。成年人甚至認為兒童會打亂公認的社會秩序，這一切都使兒童看起來與這個世界格格不入。因為無論在什麼地方（即使在自己家裡也是如此），在成年人看來，兒童都是麻煩的來源。兒童缺乏對成年人環境的適應能力，再加上他們天性活躍，這使情況更加惡化。

　　成年人傾向於抑制兒童的活動，因為他們不想被兒童打擾，並且試圖讓兒童聽話。兒童被成年人「流放」到託兒所和學校裡，被限制在那裡。只有到了可以在成年人世界裡自主生活且不對他人帶來麻煩的年齡，兒童才能進入社會。在此之前，他必須像一個被剝奪公民權利的人一樣，無條件服從於成年

人。成年人成為兒童的主宰，兒童必須服從成年人的命令，即使這樣的活動對兒童來說沒有絲毫吸引力。

兒童必須在成年人的陪伴下成長，經歷一個從無到有的過程。成年人雄壯而強大，兒童必須從成年人那裡獲得生活必需品。成年人是兒童的締造者、統治者、監護人和感恩的對象，最終的結果是，從來沒有人像兒童依賴成年人那樣完全依賴別人。

兒童的工作

兒童也是工作者和生產者，雖然他還不能分擔成年人的工作，但他有自己艱難而重要的任務要完成，那就是成長為一個大人。

新生兒很無助，不能四處走動。但這個小小的孩子最終將成長為大人。成年後的他，智力獲得充分發展，精神之光變得璀璨，這是因為他本就是這樣一個孩子。

一個人的成長完全是從兒童狀態開始的，而成年人無法參與這個過程。相比於兒童被排除在成年人超自然的社會世界之外，成年人被排除在兒童的世界之外是更為明確的事實。我們可以說，兒童的工作與成年人的工作有很大的不同，甚至是完全對立的。

第二十七章　兩種不同的工作

　　兒童的成長是在發展過程中由精神能量帶來的無意識行為，是一種創造性的工作。

　　人類是如何被創造的呢？人類最開始的時候一無所有，是如何獲得智慧和力量來統治萬物的呢？我們可以在任何一個孩子身上觀察到這個奇妙事件的所有細節。每天，我們都在目睹著這樣一個壯觀的景象。

　　人類被創造之初發生的一切，在所有生命降生到這個世界時都會複製重演。因此，我們可以重複地說「兒童是人類之父」。成年人的所有力量都來自兒童時期賦予他的神祕使命的潛力。兒童之所以是一個真正的工作者，是因為他無法僅僅透過休息和思考就成長為一個成年人，而是需要透過積極地工作、不斷地勞動來創造自我。我們必須記住，在這種勞動中，兒童利用的外部環境與成年人利用和改造的外部環境是同一個。

　　兒童透過鍛鍊獲得成長。兒童的建設性努力是在外部環境中進行的一項真正的工作。兒童透過鍛鍊和運動獲得經驗，協調自己的動作，記錄與外界接觸時產生的情緒，這些都有助於塑造他的智力。兒童用心傾聽，努力學習說話，透過不懈的、獨立的努力，成功地學會站立和行走。

　　隨著認真的兒童漸漸長大，他們不斷遵循自己的發展節律，就像星球會沿著看不見的軌道始終如一地運行著一樣。事實上，我們可以在兒童成長的每一階段測量他的身高，看他的身高是否達到預期的標準。我們也能預測兒童的智力會在 5 歲達

到一個水準，在 8 歲達到另一水準。正是因為兒童會遵循大自然為他制定的發展計畫，我們才可以預測他 10 歲時的身高和智力。

兒童透過不斷努力，經歷多重痛苦，克服困難的考驗，慢慢地完善自身。成年人可以幫忙塑造兒童的環境，但完善自身的工作則需要兒童自己去完成。兒童就像一個為了到達目的地不斷奔跑的人，成年人時期的完美便取決於他在兒童時期的努力。

成年人是兒童的依靠。在兒童的活動範圍裡，成年人是他們的親人和依靠，正如他們是成年人的孩子，在特定範圍內接受成年人的撫養一樣。成年人在一個領域裡是主人，兒童在另一個領域裡是主人，兩者相互依賴。兒童和成年人都是國王，只不過他們統治的是不同的領域。

兩種工作的比較

兒童的工作是對外部世界中的真實物體進行的操作，所以我們可以對他們的工作進行系統性研究。我們可以對兒童工作的起源和方式進行研究，然後將其與成年人的工作進行比較。

無論是兒童還是成年人，都會對其所處的環境採取即時的、有意識的、自主的行動，這些行動可以被視為某種意義上

第二十七章　兩種不同的工作

的工作。但是，兩者之間的共同點也僅此而已，因為兩者有不同的未知目標和期待。

所有的生命，甚至植物的生命，都是以犧牲環境為代價來發展的。但生命本身有一種能量，透過不斷創造來保持和完善環境的平衡，沒有環境，這種能量就會自行分解。例如，珊瑚蟲從海水中吸收碳酸鈣，這樣牠們就可以築起自己的保護殼。這是牠們活動的具體目標，但以世界總體的創造計畫來看，牠們也創造了新大陸。由於這一最終目標與牠們的直接活動相去甚遠，我們就只能了解到珊瑚和珊瑚礁的知識，而不易考慮新大陸的問題。所有生物，尤其是人類，都是如此。

每個成年人都是兒童創造性活動的產物，這一事實證明了兒童的活動具有一個明確的、可見的終極目標。但儘管我們可以從各個角度研究兒童，了解他們從身體細胞到行為的各種細節，但是，我們仍然無法察覺他們的終極目標，即他們即將成為的成年人會是什麼樣貌。

然而，如果同一行為具有兩個相悖的目標，這就意味著有些活動是以犧牲環境為代價的。對此，大自然可以用簡單的方法來揭示它的部分祕密。例如，我們可以注意到昆蟲的生產性勞動的價值，如絲綢可以織成珍貴的衣物，而脆弱的蛛絲結成的蜘蛛網總會招來人們的摧毀。絲綢是蠶成長過程中的產物，而蜘蛛網是成年蜘蛛的產物。這種比較應該能幫助我們意識到，將兒童的工作與成年人的工作進行比較時，我們談論的是

兩種真實存在的活動，而兩者的性質和目標是截然不同的。

對我們來說，了解兒童的工作性質是很重要的。兒童的工作並不是為了達到更高的目標，他的工作目標就是工作本身。他堅持一次次地重複練習直到結束工作，使這一目標不受外界因素的影響。就兒童的反應而言，他停下工作不是因為疲倦，這是因為兒童的特點就是對工作保持全新的活力，他在離開工作時還總是神清氣爽、精力充沛。

這說明了兒童和成年人工作的自然規律中的一個本質上的區別。兒童不會遵循最小努力法則，與此相反的，他會全力以赴，心無旁騖，在執行每一處細節時都充分發揮自身的潛力，在任何情況下，外部對象和行為的重要性作用都只是偶然的。

環境與兒童內心生活的完善有著驚人的關係。一個思想境界高的人，並不專注於外在事物，只會在適當的時候使用它們來完善自身的內心生活。與這種人相比，一個生活平淡的人，卻一心想著外在目標，不惜一切代價去追求這些目標，有時到了病態甚至心靈迷失的地步。

成年人的工作和兒童的工作的另一個顯著差異在於，兒童並不能求諸外界幫助。兒童必須要自主開展工作，自主完成工作。沒有人能代替兒童承擔責任，代替他們的成長。兒童也不可能隨意加快發展速度。成長的特點就是必須遵循一種不能被延遲或加速的發展規律。大自然是嚴苛的，生物發展一旦違背自然規律，就會產生功能上的偏差，即「發育遲緩」之類的異常

第二十七章　兩種不同的工作

或疾病。

兒童擁有不同於成年人的動力。成年人總是因某種外在的動機而行動，為此付出艱苦的努力和犧牲。但是，如果成年人要完成某一任務，他必須從之前的兒童時期中就得到行動的力量和勇氣。另外，兒童不會因勞累而厭倦工作，他會透過工作獲得成長，因此工作反而是在幫助他累積實力。兒童從不要求減輕任務量，只會要求獨立完成自己的任務。他的生命在於成長，使命是要麼工作，要麼消亡。

如果成年人理解不了這一過程，他們就永遠不會理解兒童的工作。他們還會為兒童的工作設定障礙，認為休息對兒童更有利。成年人自以為是地幫助兒童完成一切，而不是讓兒童獨立完成該由自己完成的任務。由於成年人更有經驗、更靈活，他們會設法幫助兒童洗衣服，把他抱在懷裡或放在推車裡，為兒童布置房間，從來不讓兒童插手這些本屬於他們自己做主的事情。

等一旦有了自主發揮空間，兒童就會立刻喊道：「我想自己完成這件事！」「兒童之家」就提供了一個適應兒童需求的環境，這時候他們會主動說：「請你輔助我完成這件事吧。」這些話揭示了兒童內心的需求。

人們會錯誤地認為，成年人必須幫助兒童，使兒童能夠在這個世界上行動和開展自己的工作。相反，我們的教學方法不僅揭示了兒童的需求，也揭示了兒童應該被一個充滿生機的環

境所包圍的事實。這樣的環境不是讓孩子用來征服和享受的，而是幫助他完善各種活動能力。顯然，這種環境必須由一個了解兒童內心需求的成年人來準備。因此，我們對兒童教育的理解不同於那些單純代替兒童做事的人，也不同於那些認為可以將兒童置身於完全被動環境中的人。

因此，成年人不僅要為兒童準備大小和形狀都適合兒童的物品，還必須接受培訓來提升自身的教養能力。

第二十七章　兩種不同的工作

第二十八章　引導本能

自然界有兩種生命形式：一種是成熟的，一種是尚未成熟的。這兩種類型截然不同，甚至相互對立。

成年人的生活特點是抗爭，如拉馬克（Jean-Baptiste Lamarck）所述，這些衝突可能源於對環境的適應。也可能如達爾文（Charles Darwin）所述，這些衝突也源於競爭和自然選擇。後一種類型的衝突不僅促進了物種的演化，而且透過性征服帶來自然選擇。

社會發展與動物的成長過程類似。人類必須不斷努力保護自己的生命，保護自己不受敵人的傷害。人類在適應環境時，會遇到痛苦和麻煩，會被愛和性影響。達爾文追溯了演化的起因，認為生物的逐漸完善和適者生存，追根究柢在於物種之間的力量競爭。同樣，唯物主義歷史學家把人類的演化歸因於人與人之間的競爭和較量。

有人認為成年人的各種活動是記錄人類歷史的唯一資料來源，但是事實並非如此。理解生命的無數奇妙表現的真正關鍵是年幼和成長中的生命，所有的生物一開始都因太過脆弱而無法參與競爭，在他們發育出任何器官以適應環境之前，他們就

第二十八章　引導本能

已經存在了。換句話說，任何生命都不是從成年狀態開始的。

然後，人們在早期一定會有另一種隱藏的生活，在與其所處的環境互動時，表現出一種不同於成熟個體的形式、手段和動機。研究生物在發展過程中的變化是非常重要的，因為生命的真正鑰匙就存在於生物自身。成年人的經歷只能用來解釋生存的偶然性。

生物學家研究生物的幼年生活，揭示了自然界最奇妙、最複雜的部分。研究已經證明，整個生命的創造過程充滿了驚人的奇蹟和強大的潛力。總而言之，大自然充滿了浪漫氣息。

生物學已經證明了物種如何透過內在衝動的引導來保護自己，這些衝動被稱為「引導本能」，以區別於生物對環境的直接本能反應。

從生物學上來說，一切本能都可以根據其各自的目標分為兩種基本類型，即保全個體或保全物種。在這兩種類型中，我們都可能發現短暫和永久的反應或態度。例如，個體與所處的特定環境之間存在著短暫的衝突，為了保全自身的生命，個體就需要擁有穩定的和引導的本能。例如，在與保全個體有關的短暫本能中，有一種是針對任何敵對或威脅而表現出的防禦。另外，在與保全物種有關的本能中，存在導致性衝突或性結合的短暫反應。這些是情境性的本能，因為它們表現得更加激烈和明顯，所以更早被生物學家觀察和研究。後來，人們注意到了更多與保全個體和物種有關的本能，這些本能具有永續性，

被定義為「引導本能」。

生命本身在宇宙中的存在與這些本能連繫在一起，與其說它們是對環境的反應，倒不如說是一種微妙的內在情感，就像純粹的思想是心靈的內在特質一樣。這些本能可以被視為神聖的思想，在生命的親密關係中被詳細闡述，以協助它在外部世界中運作。因此，引導本能不具有短暫的衝動性，而是以知識和智慧為特徵，引導生物穿越時間（個體存在）和永恆（物種存在）。

在生命的最初階段，引導本能可以用來解釋神奇的生命現象。那時，嬰兒還很不成熟，正處在全面發展的進程中，他們沒有力量和耐力，也沒有物種的特定特徵，更沒有物種的競爭優勢，不知道是否能夠取得最終的生存勝利。引導本能為嬰兒提供了方向和保障，嬰兒能做的就是努力生存下來。在這裡，引導本能的作用就像是母親或者教育者，帶著隱祕的創造力，拯救了無助的生物，因為這些動物既沒有力量也沒有辦法拯救自我。

其中一種引導本能與母性有關。法布爾和其他生物學家證明，母性是物種生存的關鍵。還有一種引導本能涉及個人成長，荷蘭學者德弗里斯在對敏感時期的研究中也有相關描述。母性本能並不僅局限在雌性身上，儘管雌性是物種繁殖的關鍵，在保護幼體方面發揮著最大的作用。母性本能同時存在於父母雙方身上，有時甚至遍及整個族群。對母性本能的深入研究顯示，

第二十八章　引導本能

它是一種神祕的能量，不一定與當前的某一特定個體連繫在一起，它是為了保護物種而存在的。

因此，「母性本能」是對保全物種的引導本能的普遍性定義，是所有生物的共有特點。它需要犧牲其他的成年本能。凶猛的動物也會表現出一種非自然的溫柔和善良。雌鳥有了雛鳥後，就會密切關注自己的巢穴，會飛出很遠尋找食物或拯救幼鳥免於遭遇危機。在母性本能的影響下，所有動物都會找到方法抵禦危險，而不是逃避。

物種與生俱來的本能出人意料地改變了牠們的性格。許多物種會努力建造一個庇護所，這些動物在完全成熟之前並不會出現這種行為。在此之前，牠們只是單純地適應自然，而現在，牠們為了為幼體準備一個庇護所而築起巢穴。每一物種都有自己的築巢計畫，他們不會隨機收集建築材料，也不會隨意地選擇地點，母性本能在這方面給予牠的指示是固定而精準的。

鳥類的築巢方式有助於人們鑑別其所屬物種，昆蟲更是了不起的建築師。例如，蜂群齊心協力為下一代建造的蜂巢，其幾何構造近乎完美。我們也可以注意到其他生物的巢穴，雖然沒那麼壯觀，卻非常有趣。蜘蛛會為對付敵人織出一張大網，但突然間，牠忘記了織網是為了對付敵人和捕捉獵物，結果開始了一項全新的工程。牠織出小小的網狀口袋，有雙層結構，還能防水，可以抵禦棲息地的寒冷和潮溼。蜘蛛還會在袋子裡產卵，牠的整個生命都緊密地依附在袋子上。如果袋子被撕破

或毀壞,牠也會悲傷地死去。

　　牠如此緊密地依附在這個袋子上,就好像那是牠身體的一部分。因此,牠的情感也全部集中在袋子上,不是在蜘蛛卵上,也不是在最終從卵裡孵出來的小蜘蛛上,牠甚至都沒有注意到小蜘蛛的存在。動物的本能讓這位母親為物種延續做出貢獻,卻沒有讓牠將延續的生命作為自己付出的直接受益方。

　　因此,生物有一種本能,而這種本能卻沒有客觀的對象。生物以不可抗拒的方式行動,服從一種內在的命令去做該做的事情,去愛該愛的事物。

　　有些蝴蝶一生只會以花蜜為食,而不渴求任何其他的食物。但是,在另一種本能的引導下,牠們在產卵時從來不把卵產在花朵上。進食的本能是指向個人利益的,但是牠卻被繁衍的本能取代。蝴蝶會轉向另一種食物,這種食物對牠們沒有任何用處,但對幼蟲來說是必需的,最終會幫助幼蟲化為蝴蝶。因此,昆蟲承擔起對自己不利但對物種有益的自然命令。

　　七星瓢蟲等昆蟲從不讓幼蟲生活在植物的頂端,而是生活在葉子下面,以得到更好的庇護。相似的本能在許多其他昆蟲中也有發現,如有些昆蟲原本從來不吃某些植物,卻會為了幼蟲去嘗試。牠們發自本能地知道,幼蟲需要哪些營養,也可以預見到哪裡能躲避風吹雨打的威脅。

　　生物如果肩負著保護物種的使命,就會改變其自身的行為傾向,就好像支配自己生命的法則暫停了效力,在那一刻發生

第二十八章　引導本能

了某一偉大的自然事件——造物的奇蹟。牠超越了該物種普通的活動和形態，在這一奇蹟下，可以被視為一種儀式。

事實上，自然界最輝煌的奇蹟之一，就是新生命的力量，儘管他們完全缺乏經驗，無法適應外部世界或保護自身不受外部世界的影響。但他們能夠憑藉敏感時期的部分本能做到這一點，這些本能引導他們克服接二連三的困難，並以十足的動力不時地激勵他們。

大自然並沒有賦予成年人與新生兒同樣的保護。它有自己的準則，並仔細觀察以確保人們遵守這些準則。成年人必須在保護物種的引導本能所規定的範圍內進行活動。

通常，人們會在魚類和昆蟲的案例中看到引導本能的行為。但是，成年動物和新生動物的引導本能的行為完全不同，常常會各自以一種獨特和獨立的方式發揮作用。這種情況下，父母和子女不會相互關聯。

高等動物群體中，母親的引導本能與後代的敏感期同時發生，這兩種本能同時和諧地發揮作用，母子之間產生了一種相互的愛或建立起一種親子關係。這種關係進一步延伸到整個社會組織，在社會層面承擔起對新一代的照顧職責。

這一切也會發生在群居的昆蟲中，如蜜蜂、螞蟻等。決定著這些物種生存的，不是父母的愛和犧牲，而是引導本能的作用，這一本能根植在偉大的創造性生命活動中。生物在照顧後代時所具有的情感或情緒，有助於他們完成大自然賦予的任

務，並產生服從大自然規則時的特殊樂趣。

成年人的世界很難一眼就看透，而支配這個世界的法則也會不時地出現例外。自然世界的法則看似是絕對和牢固的，但也可能為了更高的利益或更高的善而被拋棄。他們會屈從於新的法則的要求，這些法則有利於本物種的新生兒的生存。因此，在自然法則的不斷更新下，生命才得以永恆地維持。

我們現在可能會問自己，人類是如何適應這些自然法則的？人是一個終極的綜合體，自身包含了低等生物的所有自然現象。但人類囊括並超越了所有的生命現象，更重要的是，人類透過自身的智慧，為所有生命現象披上了理性的光輝，充分展現在這藝術作品中。

那麼，生命的兩種形態，即兒童和成年人，是如何在同一個人身上表現出來的呢？它們是在哪些崇高的領域顯現出來的呢？其實這兩種生活形態的表現並不明顯。如果我們執著於在人類世界中尋找它們的痕跡，就只能發現一個成年人的世界，一個專注於外在事物並確保生活安逸的世界。

人們的注意力集中在征服和生產上，好像其他的事情都不重要。人們的努力在競爭中受到強烈打擊並被擊潰。成年人看待兒童的生活時，只會憑藉自己的邏輯，把兒童視為無用的存在，遠遠地丟在一邊。或者，成年人會打著所謂的教育的幌子，把兒童直接拉入自己的生活軌道。成年人就像蝴蝶一樣，打破幼蟲的繭，以此來激勵牠飛翔。或者像青蛙一樣，把蝌蚪

第二十八章　引導本能

從水裡帶到陸地上，認為這樣牠就能呼吸，皮膚就會由深色變成綠色，變得跟自己一樣。

成年人對待兒童的方式或多或少與此類似，他們向兒童展示自己的完美、成熟作為榜樣，希望兒童來效仿自己。但是，他們沒有意識到兒童的生活需要不同的環境和形態。

我們自以為人類是物質世界中演化最快、形式最高級的存在，自以為人類擁有智慧，掌控環境，充滿力量，能力顯著優於其他生物。但是，我們又該怎樣解釋人類對自身這一深刻的誤解呢？

成年人對於兒童來說，是建築師、建設者、生產者和塑造者。可是，成年人對後代的貢獻卻遠不如蜜蜂或其他昆蟲。這難道是因為人類缺乏生命中的最高級和最基本的引導本能嗎？在所有生命都具有的、保障物種生存的基本特徵面前，人類真的是無助和盲目的嗎？

人類應該像其他生物一樣具有情感，因為在自然界中，一切能量都只會轉化而不會被消解，即使能量偏離了原本的目標，也依然存在。

人類是建設者，但是他要在哪裡建造一個適合自己孩子的家園呢？那裡應該是一個美麗的地方，不受任何外在需求的汙染。那裡應該用慷慨的愛累積精神財富，這些財富與物質生產無關。那裡的人們會覺得有必要放棄習以為常的行為方式，意識到鬥爭不再是生活的重要組成部分。那裡的人們開始意識

到，自我犧牲似乎是一種真正的生活方式，讓他人有更好的生活不再是一個生存的祕密。難道就沒有一個地方能讓靈魂渴望打破束縛它與外部世界的規則嗎？難道沒有人渴望尋求新生活的奇蹟嗎？難道人們沒有擁有對超越個體生命並向永恆延伸的渴望嗎？這就是人們的救贖之道：人們必須放棄思想矛盾，選擇去相信。

這些都是人們在孩子出生時產生的情緒。與其他生物一樣，他應該放棄自己的行為方式，進行一次徹底的自我改造，這樣生命才能走向永恆。

是的，世界上一定存在這樣的地方。在那裡，人們不再需要征服，而是需要淨化和純真，渴望簡單與和平。在單純的和平中，人們尋求生命的復甦，尋求一種從世間重負中解脫的方式。

是的，人們的內心深處一定擁有遠大的抱負，而這些抱負與日常生活的抱負相去甚遠。它們代表一種神聖的聲音，永不止息，號召人們一起關注孩子。

第二十八章 引導本能

第二十九章　兒童是指導者

　　當前，人們最重要的研究對象之一是發現引導本能。在沒有任何先例的情況下，我們開闢了這一新的研究領域。我們已經證明了某些本能的存在，並指出了如何進一步去研究它們。但是，這樣的研究只能在正常兒童中進行，也就是說，這一研究結果只有在生活於適當的成長環境中的兒童身上才適用。在這一情況下，人性新的一面被如此清晰地揭示出來，不會有人懷疑它的正確性。

　　無數的經歷揭示了一個對教育和社會都非常重要的道理。顯然，如果人們的本性與我們的認知有差異，那麼他們的社會組織形式就會不同。但是，要達到成年人社會的正常化，就必須透過教育來實現。這種社會變革不可能來自個別改革者的思想或能量，而是來自一個在舊世界中緩慢而穩定地出現的新世界，即逐漸出現的兒童和青少年的世界。這個世界能夠逐漸產生一種力量，啟發和引導社會走向正常。

　　有些人希望甚至幻想透過理論改革或個體努力，填補世界上由於壓迫兒童而造成的巨大空白，這種想法是愚蠢的。如果兒童不能按照自然規律發展，而是遇到了一些偏差，那麼人們

第二十九章　兒童是指導者

就會一直處於非正常狀態。所以，真正能幫助人類的能量是兒童內在的能量。

我們必須堅持實現「認識你自己」這句話所包含的古老理想。生命科學為我們的身體健康做出了重大貢獻，也都始於這一格言。人類雖然在生理衛生方面取得了長足的進步，但其精神生活的發展仍未可知。人們透過解剖屍體，獲得了人體知識方面的重大進步，透過研究新生兒，在理解人類思想方面取得新進展。這些研究似乎是文明進步的必要條件。但是，只要最根本的問題，即兒童的正常化問題沒有解決，教育和社會問題就會持續存在。

成年人面臨著自我認知的難題，缺乏對指導人們心理發展的潛在規律的了解。但是，這一問題已經被孩子以實際行動的方式闡述了，而且似乎沒有其他的解決辦法。

偏離正軌的人想要獲得權力和權威，沉迷於所有美好的事物，而這些美好的事物如果沒有被正確使用，就會轉化為潛在的危險。這就是為什麼任何事情、發現或發明，都會發展變成困擾世界的弊病。

我們可以看到機器帶來的一系列社會效應，機器可以用來增加人類的福祉，也可能用於戰爭和獲取超額利潤。物理、化學和生物方面取得的進展，以及新交通工具的發明，也在日益增加人們的苦難，最終使野蠻人獲得勝利。因此，在人們意識到人的「正常化」是一種基本的社會需求之前，我們不能寄希望

於外部世界。只有如此,物質進步才能帶來真正的福祉和更高形式的文明。

　　未來的命運在兒童身上。凡是想為社會帶來福祉的人,都必須保護兒童的發展不偏離正軌,使其遵循天然的行為方式。兒童是神祕而有力量的,他的內心深處蘊藏著人性的祕密。

第二十九章　兒童是指導者

第三十章　給予兒童應有的權利

直到 19 世紀末，20 世紀初，社會才開始關注兒童。當時的兒童完全由家庭照料，唯一的保護是來自父親的庇護，這是大約兩千年前羅馬法典遺留下來的法則。在很長一段時間裡，人類文明進步了，針對成年人的法律也有了諸多改進，但是，兒童被剝奪了任何與成年人一樣的保護。兒童獲得了原生家庭負擔得起的物質、道德和智力上的幫助。但如果兒童的家庭沒有經濟來源，社會對他沒有擔負起責任，他就會在物質、道德和智力的匱乏中成長。

社會並沒有要求夫妻雙方提前做好為人父母的準備，以便他們能夠妥善照顧自己的孩子。國家在制定法令時如此嚴謹細緻，急於用詳盡的手續調節社會生活的不同面向，但卻一點也不關心父母在未來如何保護自己的孩子，並為其提供適當的發展機會。社會也沒有提供幫助家長承擔責任的培訓或指導。即便是現在，男人和女人組建一個家庭，需要做的也就是取得一張結婚證書並舉行一場婚禮。

我們可以從中得出這樣的結論，兒童肩負著延續人類命運的責任，但是長期以來，社會對這些弱小的兒童漠不關心。兒

第三十章 給予兒童應有的權利

童一直被社會排斥和遺忘，這與大人們從社會中獲得源源不斷的利益形成了鮮明的對比。

直到幾十年前，醫生才開始真正關心兒童，並開始意識到他們是社會的受害者。那時，新生兒被遺棄的比例很高，也沒有專門的兒童醫生或兒童醫院。但是，嬰兒死亡率居高不下的現象，並沒有將人們從舒適的思想中喚醒。統計資料顯示，一個家庭可能會生下多個孩子，但存活下來的沒幾個。嬰兒死亡似乎是件很自然的事，他的家人都會認為他到了天堂，並以此來安慰自己。許多嬰兒的死亡是由於家人的無知和照料上的缺失，這也是為何嬰兒的死亡被認為是正常的。

直到人們意識到自己可以為這些孩子做些什麼後，他們就發起了一場廣大的運動，試圖喚起父母的認知。父母被告知，僅僅給予孩子生命是不夠的，還應該利用科學知識讓孩子免於疾病和死亡。這意味著他們必須學習兒童衛生知識並加以應用。

但是，孩子們所遭受的苦難不僅僅來自家庭內部。19世紀的最後10年裡，醫生們在研究工人們的疾病，奠定社會衛生學的基礎時，發現兒童除了會因為衛生條件差而受到傳染病的侵害之外，還會受到其他疾病的折磨。

兒童不得不在學校裡忍受社會強加的痛苦。比如，兒童在學習讀寫的過程中，會因為長時間伏在桌子上而產生脊椎收縮和胸腔變窄，而更容易患上肺結核；兒童長時間在光線不足的環境裡閱讀會導致近視；兒童長時間被關在狹窄擁擠的房間裡

會導致身體虛弱。但是，他們所受的苦難不僅僅是肉體上的，也是精神上的。強迫學習會讓他們感到恐懼、疲憊和神經衰弱。他們會變得灰心喪志，與生俱來的快樂也不復存在，取而代之的是無盡的憂鬱。

一般來說，家庭很少考慮這一切。父母唯一感興趣的是讓孩子好好讀書，順利透過考試，這樣就不會產生更多的教育支出。他們不太關心孩子的學習或文化，只是在履行一項社會義務。他們感興趣的只是孩子盡快獲得社會通行證。

當時的研究還發現了一些有意思的現象。許多兒童到學校前是剛剛完成了繁重的工作的，他們本就已疲憊不堪。比如有些兒童上學前要步行好幾英里為顧客送牛奶，有些兒童得在街上賣報紙，有些人得在家裡幫忙家事。於是，他們上學時已經又累又餓，還經常因為注意力不集中和聽不懂課而受罰。

教師在意自身的職責，更關心自己的權威，他們總是試圖透過責罵來喚起兒童對學習的興趣。教師以威脅的方式迫使兒童服從，或在同伴面前責備這些兒童能力不足或意志薄弱。因此，兒童既在家裡受到剝削，也在學校受到懲罰。

早期的研究揭露了如此之多的不公，引起了人們強烈的反應。現在，學校裡發生了各種變化，醫生和教師正在為了學生的健康一起努力。這些學校推行兒童健康計畫，在很多國家產生了有益的影響，這象徵著社會在兒童救濟工作上邁出了重要的第一步。

第三十章　給予兒童應有的權利

如果我們回顧人們觀念覺醒之前的情形，就會發現整個歷史進程中都很難找到任何認可兒童權利的證據，或任何對兒童權利重要性的認知。

成年人傾向於一門心思把孩子帶入自己的生活方式中，把自己塑造成完美的榜樣。人們的盲目性普遍而長期地存在著，似乎無法被完全治癒，它與人類自身一樣古老，這無疑是人類心靈的一大謎團。

從古至今，教育一直是懲罰的同義詞，教育的目的是使兒童服從成年人。成年人用自己的欲望和意圖代替自然，取代了生活的自然法則。

數千年來，這一態度沒有太大的變化，不同國家的人懲罰孩子的方式也有所不同。私立學校的懲罰方式常常是固定的，經常是在兒童的脖子上掛一個羞辱性的標記，如讓兒童戴上驢耳朵，讓他受到他人的侮辱和嘲笑。其他的懲罰形式還有體罰，如強迫孩子面壁數小時，光著膝蓋跪在地板上，或當眾遭受鞭打。

現在，家庭教育和學校教育聯合起來，對這種殘酷的行為進行了現代版的改良。兒童在學校裡受到懲罰，回到家還要向父母交代，以至於受到教師和家長的雙重責備和懲罰。然後，兒童被迫帶著父親寫的紙條，以說明父親已經知曉孩子犯的錯，而父親甚至還會向教師彙報孩子的其他問題。

這種情況下，兒童發現自己不可能得到保護。什麼樣的法庭會受理兒童的控訴？兒童甚至不能像一個被判有罪的罪犯那

樣享有申訴的權利。

兒童想在苦難中尋求安慰和庇護,而這種關愛在哪裡呢?根本沒有。教師和家長聯合起來對兒童施加懲罰,因為他們深信不這樣做就沒有懲戒的作用。家長根本不需要他人提醒,他們預設兒童受到懲罰是理所當然的一件事。

我們對兒童受罰的方式進行研究,結果發現,即使在我們這個時代,在所有國家中,兒童在家中還是會受到懲罰,他們有的被侮辱、責罵、打耳光、毆打、關禁閉,甚至會受到更嚴厲的威脅。他們還被剝奪了簡單的娛樂和消遣活動,比如不能和其他孩子一起玩或吃糖、吃水果。這些娛樂活動是他們唯一的安慰,也是他們不知不覺承受了這麼多痛苦後的唯一補償。但是,現在這點安慰也被剝奪,然後,他們被迫餓著肚子睡覺,夜晚也會因為悲傷和飢餓而更加難熬。

在受過教育的階級中,這種懲罰正在迅速消失,但是還沒有徹底消失。父母仍然會用嚴厲和威脅的語氣喝斥孩子,認為他們有懲罰孩子的權利,有的父母甚至認為打孩子是他們的責任。

但是,對成年人的體罰已經被廢除了,因為我們都知道這是對人類尊嚴的侮辱,是社會文明的恥辱。那麼還有什麼事情比侮辱和毆打一個孩子更卑鄙呢?在這方面,人們的良知無疑已經喪失殆盡。

文明的進步不是取決於個人努力,文明的進步就像一臺無意識的機器,驅動其前進的是社會進步的力量,而非個人的力

第三十章　給予兒童應有的權利

量。社會就像一列龐大的火車，以令人暈眩的速度駛向某個遙遠的目的地，個體就好比是睡在車廂裡的旅客，良知沉睡是社會進步的最大障礙。如果不是這樣，社會日益進步和人類靈魂日益僵化之間就不會產生如此危險的落差。

我們開啟社會改革的第一步，也是最困難的一步，就是喚醒沉睡的人性，迫使它傾聽召喚的聲音。當今社會，我們有必要提高對兒童需求的認知，努力把兒童從巨大而危險的深淵中拉出來。兒童的社會權利必須得到人們的認可，即建立一個適合兒童的世界，而社會最大的罪惡就是把本該應用於幫助兒童的錢浪費在會毀滅兒童的事情上。

社會就像一個失職的監護人，揮霍了原本屬於兒童的遺產。成年人把錢花在自己身上，創造自己想要的東西。事實上，父母的大部分財富應該花在子女身上。生活中，這一原理的應用源自本能，甚至在最低等的昆蟲中也能找到。螞蟻為什麼要儲存食物？鳥類為什麼要尋找食物並把它帶回巢裡？大自然沒有提供任何證據證明成年動物會把自己所有的東西吃光，而讓後代陷入苦難。

然而，人類卻沒有為下一代做任何事，只是確保他們還活著，但也僅此而已。當社會因為浪費而急需籌錢時，人們就會挪用學校特別是低年級的教育資金。從學校挪用資金，是因為學校不會發出辯護的聲音，這才是人類犯下的最嚴重的罪行和錯誤之一。

現代社會甚至沒有意識到，用這些錢去製造戰爭工具，會造成雙重破壞（傷害生命和死亡），讓結果呈現雙倍的誤差。成年人已無法確保生活的正常延續，人類正在以一種非正常的方式發展。因此，成年人的行為必須有一定的組織性，不僅是為了自己，也是為了兒童。他們必須承擔起一定的責任，這種責任在成年人習慣性的盲目狀態下是被忽視的。但是，人們一旦承擔起這份責任，就永遠不會動搖。

如果這個社會曾經是一個對孩子不負責任的監護人，那麼現在他必須糾正錯誤，把財富歸還給兒童。

父母的使命

父母不是孩子的創造者，而是他的監護人。父母必須保護孩子，對他表達深切的關懷，就像要讓受驚嚇者對保護者產生信任一樣。

父母應當認知自身崇高的使命，淨化心中的愛，努力意識到這種愛是一種深層情感的自覺表達，不應該被任何私利或懶惰汙染。

父母應該關注當今社會的重大問題，努力在世界上為幫助兒童爭取權益而奮鬥。

近年來，人們已經開始廣泛討論關於人權，尤其是工人的

第三十章　給予兒童應有的權利

權利,現在是時候討論兒童的社會權利了。人們認可工人的權利,是一個至關重要的社會問題,因為人類只有透過辛勤勞動才能生存。同樣地,如果說工人生產的是人類的消費產品,那麼兒童生產的就是人類本身,因此兒童的權利更需要得到承認。很明顯,社會應該對兒童給予最大的照顧,以便反過來從兒童那裡獲得新的能量和潛力。

人類的良知應該是強烈的。可是現在,他們忽視和遺忘了兒童的權利,沒有意識到兒童的價值、能力和本性。

父母具有非常重要的使命,只有他們相互團結,共同為社會進步而努力,才能拯救孩子。

他們在社會中發揮重要的作用,並操縱著人類的未來,因為他們賦予孩子生命,所以也必須承擔大自然賦予的使命。

當前,父母把孩子交給社會習俗去教育,就好像這是不可避免的結果。沒有人站出來為他們辯護,但如果開始有不同的聲音存在,那就是愛的力量和父母的人性權威。

關於作者

瑪麗亞·蒙特梭利 (Maria Montessori),西元 1870 年 8 月 31 日出生於義大利的基亞拉瓦萊。

西元 1894 年,她成為第一位從羅馬大學醫學院畢業的女性。

西元 1899 年,她開始研究缺陷兒童的教育問題,依循法國醫生塞金 (Edouard Seguin) 最先制定的思考方式,取得了驚人的成效。在她的教導下,智力缺陷兒童也能夠通過正常兒童參加的全國讀寫能力測試。

蒙特梭利博士總結說,類似的方法也可以應用於年齡更小的正常兒童。於是,她開始在羅馬的私立和公立學校對幼兒進行研究。最初,她遇到了傳統教育方法擁護者的反對,他們認為她的教育體制鼓勵自由行動,會破壞紀律。但是,她也得到了熱心改革者的有力支持。

1900-1907 年,她在羅馬大學講授人類學課程。1922 年,她被任命為義大利學校的政府督學。

在她的職業生涯中,她一共完成了 6 本有關學習和兒童的著作,並建立了以她的名字命名的教育體系。晚年,她在西班牙、印度、英國和荷蘭開展培訓課程。

1952 年 5 月 6 日,蒙特梭利在荷蘭諾德韋克去世。

國家圖書館出版品預行編目資料

蒙特梭利代表作——童年的祕密：天性 × 智力 × 節奏 × 偏差，在自由與秩序中促進兒童的全面發展，教師與家長必讀的早期教育關鍵指標 / [義] 瑪麗亞・蒙特梭利 (Maria Montessori) 著，李婷婷 譯. -- 第一版. -- 臺北市：樂律文化事業有限公司, 2024.10
面；　公分
POD 版
譯自：The secret of childhood
ISBN 978-626-7552-39-1(平裝)
1.CST: 蒙特梭利教學法 2.CST: 學前教育 3.CST: 兒童心理學
523.23　　113014619

電子書購買

爽讀 APP

蒙特梭利代表作——童年的祕密：天性 × 智力 × 節奏 × 偏差，在自由與秩序中促進兒童的全面發展，教師與家長必讀的早期教育關鍵指標

臉書

作　　　者：[義] 瑪麗亞・蒙特梭利（Maria Montessori）
譯　　　者：李婷婷
責任編輯：高惠娟
發　行　人：黃振庭
出　版　者：樂律文化事業有限公司
發　行　者：崧博出版事業有限公司
E - m a i l：sonbookservice@gmail.com
粉　絲　頁：https://www.facebook.com/sonbookss/
網　　　址：https://sonbook.net/
地　　　址：台北市中正區重慶南路一段 61 號 8 樓
8F., No.61, Sec. 1, Chongqing S. Rd., Zhongzheng Dist., Taipei City 100, Taiwan
電　　　話：(02) 2370-3310　　傳　　　真：(02) 2388-1990
律師顧問：廣華律師事務所 張珮琦律師
定　　　價：350 元
發行日期：2024 年 10 月第一版
◎本書以 POD 印製